KB107401

바람난 유전자

나카노 노부코 지음
이영미 옮김

부·키

지은이 나카노 노부코中野信子

뇌 과학자, 의학 박사, 인지 과학자. 1975년 도쿄에서 태어나 도쿄대학교 공학부를 졸업하고 동 대학원 의학계연구과 박사 과정을 수료했다. 2008년부터 2010년까지 프랑스국립연구소에서 연구원으로 근무했고, 일본으로 돌아온 뒤 연구와 집필 활동에 전념하며 뇌 과학으로 인간과 사회를 더욱 깊이 해석하기 위해 노력하고 있다. 현재 동일본국제대학교 특임교수, 요코하마시립대학교 객원 조교수로 재직 중이며 여러 TV 프로그램에 출연하여 뇌 과학 관련 해설자로 활발하게 활동하고 있다. 지은 책으로 《사이코패스》《우리는 차별하기 위해 태어났다》《샤덴프로이데》《살리에리를 위한 변명》《뛰는 놈, 나는 놈 위에 운 좋은 놈 있다》 등이 있다.

옮긴이 이영미

아주대학교 국문과를 졸업하고, 일본 와세다대학교 대학원 문학연구과 석사 과정을 수료했다. 2009년 요시다 슈이치의 《악인》과 《캐러멜 팝콘》으로 일본국제교류기금이 주관하는 제2회 보라나비 저작·번역상을 수상했다. 옮긴 책으로 《공중그네》《화차》《솔로몬의 위증》《고구레 사진관》《무라카미 하루키 잡문집》《죽을 때까지 책읽기》《나란 무엇인가》《단테 신곡 강의》 등이 있다.

바람난 유전자

2019년 6월 19일 초판 1쇄 인쇄 | 2019년 6월 28일 초판 1쇄 발행

지은이 나카노 노부코 | 옮긴이 이영미 | 펴낸곳 부키(주) | 펴낸이 박윤우
등록일 2012년 9월 27일 | 등록번호 제312-2012-000045호
주소 03785 서울 서대문구 신촌로3길 15 산성빌딩 6층
전화 02)325-0846 | 팩스 02)3141-4066 | 홈페이지 www.bookie.co.kr
이메일 webmaster@bookie.co.kr | 제작대행 올인피앤비 bobys1@nate.com

ISBN 978-89-6051-723-3 03300

이 도서의 국립중앙도서관 출판예정도서목록(CIP)은 서지정보유통지원시스템 홈페이지 (http://seoji.nl.go.kr)와 국가자료공동목록시스템(http://www.nl.go.kr/kolisnet)에서 이용하실 수 있습니다.(CIP제어번호: CIP2019021915)

불륜은 왜 사라지지 않는가?

불륜을 바라보는 세간의 시선은 해가 갈수록 점점 더 엄격해지고 있다. 실제로 2016년 일본의 광고 회사 하쿠호도 생활종합연구소가 실시한 조사에 따르면 "좋으면 불륜 관계라도 어쩔 수 없다"라고 대답한 사람의 비율은 약 10%에 불과했다. 20년 전의 조사와 비교하면 반으로 줄어든 것이다.

일단 불륜이 발각되면 매스컴과 인터넷에서 사정없이 맹비난을 퍼붓는다. 그로 인해 본인의 사회적 신용은 물론이고, 가정까지 붕괴 위기에 직면한다. 경제적인 손실도 매우 크다. 의원직에서 사퇴한 국회의원이 있는가 하면, 광고나 드라마에서 매몰차게 내쫓기는 연예인도 자주 볼 수 있다. 심지어 상대방 가족에게 고소를 당할 위험도 있다.

그런데 이토록 많은 걸 한순간에 잃을 수 있다는 위험을 익히 알면서도 불륜은 여전히 꼬리를 물고 벌어지고, 줄어들 기미는 전혀 보이지 않는다. 대관절 그 이유는 뭘까?

불륜을 관장하는 유전자와 뇌내 물질

결론부터 말하면, 앞으로 인류 사회에 불륜이 사라지는 세상은 오지 않을 것으로 보인다. 그 이유는 인류의 뇌 구조가 '일부일처제'와는 맞지 않기 때문이다.

최근 뇌 과학의 극적인 발전에 힘입어 성 행동sexual behavior에 큰 영향을 미치는 유전자와 뇌내 물질의 존재가 명확하게 밝혀졌다. 또한 인간이 가진 유전자 중 단 1개의 염기 배열만 달라져도 성적인 행동이 일부일처를 추구하는 '정숙형'에서 '불륜형'으로 바뀔 수 있다는 것도 확인되었다.

이러한 연구 성과는 '인류의 뇌는 일부일처제와 맞지 않다'는 사실을 단적으로 드러내고 있다. 그렇기 때문에 불륜으로 치닫는 사람들을 '음란하다'느니 '윤리관이 결여되었다'느니 하는 안

이한 시선으로 단죄하는 것은 사회와 현상의 본질을 오인하는 원인이 될 수 있다.

우리의 뇌는 단지 유전자나 뇌내 물질에 의해 조종당할 뿐이다. 불륜에 대한 사회적인 비난이 아무리 강해져도, 소중한 배우자가 분노에 몸부림치고 비탄에 빠져 허우적대도 불륜이 사라지는 날은 결코 오지 않을 것이다.

사실 포유류 세계에서 일부일처형 생물은 소수파다. 연구가 진행됨에 따라 예전에는 일부일처형으로 여겨졌던 생물들 대부분이 실제로는 파트너 이외의 상대와도 성적 관계를 맺는 경우가 드물지 않다는 사실이 밝혀졌다.

인류의 역사를 살펴봐도 일부일처제가 많은 지역에서 법률이나 도덕관으로 규정되었다고는 하지만 실제로 엄격하게 지켜진 적은 거의 없었다고 해도 과언이 아니다. 어디 그뿐인가? 일부다처나 난혼亂婚을 허용한 사회 집단이 인구를 유지하는 데에는 오히려 더 유리한 면도 있었다.

이렇게 생각하면 불륜이 발각될 때마다 요란하게 떠들면서 당사자의 인격을 부정하고 맹비난을 퍼붓는 반응은 왠지 서글픈 광기처럼 보이는 기분마저 든다.

불륜에 대한 비난도 사라지지 않는다

그렇기는 해도 불륜에 대한 비난 역시 완전히 사라지지는 않을 것이다.

인간은 사회적인 동물이다. 인간 사회는 국가, 가족, 학교, 동아리 같은 공동체가 유지되어야 이를 바탕으로 성립된다. 그리고 이 공동체는 리소스resource를 늘리기 위해 구성원 각자가 일정하게 협력하고 이에 상응하는 보상을 받을 때 유지된다.

그런데 그중에는 공동체의 리소스를 늘리는 활동에는 협력하지 않고 보상만 챙기려는 사람도 있다. 자기는 땀을 흘리지 않고 달콤한 열매만 슬쩍 가로채려는 무리다. 이런 존재를 '프리라이더free rider', 즉 '무임승차자'라고 부른다. 인간 공동체의 협력 구조와 질서를 유지하기 위해서는 바로 이 무임승차자를 검출해서 배제 혹은 제재해야만 한다.

불륜을 저지른 남녀는 가정이나 사회의 무임승차자라고 할 수 있다. 다른 사람들의 눈에는 가정을 유지하는 노력을 회피하고, 연애의 '달콤함'만 향유하는 사람처럼 보이기 때문이다. 불륜 커플을 무임승차자로 간주하고, 매서운 공격을 퍼붓는 태도가 공동체의 질서를 지키는 '정의로운 행동'이라고 믿기에 사람들은 불륜 커플을 철저히 응징하려 드는 것이다.

뇌에는 이런 정의로운 행동을 할 때 쾌락이 동반되는 시스템도 갖춰져 있다. 사람들이 편집적일 정도로 무임승차자를 색출하려 하고, 색출하자마자 미친 듯이 흥분하며 맹비난의 축제를 여는 것처럼 보이는 데는 이런 나름의 이유가 있다. 냉정하게 생각해 보면 우스꽝스럽지만, 불륜에 대한 비난이 사라지지 않는 이유는 불륜이 사라지지 않는 이유와 일맥상통하다.

이 책에서는 뇌 과학의 비약적인 발전 덕분에 밝혀진, '무임승차자에 대한 사회적 제재'에 작용하는 뇌내 물질의 역할을 알기 쉽게 설명할 예정이다.

일부일처제가 사회 제도 속에 광범위하게 자리 잡은 후로 불륜이 발각된 경우에는 법적·사회적 '간통죄'가 적용되어 다양한 사회적 제약이나 형벌이 가해지는 일이 자주 있었다.(우리나라에서는 법적 '간통죄'가 2015년 위헌 결정으로 폐지되었다—옮긴이) 그런데 이런 제약과 형벌은 단순히 '불륜은 부도덕하다'는 윤리적인 이유만으로 가해지는 것이 아니라 훨씬 매몰차고 냉엄한 생물학적 메커니즘이 작동된 결과다. 현대 사회에서는 주간지나 인터넷 미디어가 매우 우수한 '불륜 색출 및 배제' 도구로 기능해 왔다고 말할 수 있다.

　이 외에도 이 책에서는 불륜 그리고 결혼처럼 인간관계에 얽힌 수수께끼를 최신 과학의 시각으로 풀어 보려 한다.

불륜으로 살펴보는 인간과 사회의 본성

일본 사회는 불륜에 대해 무척 예민해서 맹비난을 퍼붓기 일쑤다. 그런데 흥미로운 점은 일본 사회의 다른 한쪽에서는 불륜이 횡행하고 있다는 사실이다.

심지어 일본 사회에서 불륜이 붐이었던 때도 있었다. 1980년대 후반 주부들의 외도를 다룬 드라마가 크게 히트하는가 하면, 1990년대 후반에는 평범한 회사원과 주부의 불륜을 그린 소설 《실낙원》이 신문에 연재되었을 뿐 아니라 영화와 드라마로도 제작되어 큰 흥행을 거두었다. 원작 소설은 불륜과 자살을 미화했다는 논란에 휩싸였음에도 불구하고 사회적 이슈가 되어 500만 부 이상 팔려 나갔다. 지금으로부터 20여 년 전에는 불륜을 '쿨하고 멋진 일'의 일종으로 여겼던 것이다.

한편 한국 사회는 오래전부터 유교적 도덕관을 중요시했다. 불륜에 대한 법적 제재인 '간통죄'가 폐지된 것도 얼마 되지 않는다. 그래서인지 한국도 일본만큼 불륜을 용납하지 않으며 불륜 커플을 지탄한다. 하지만 다른 한편으로는 불륜을 소재로 한 드라마나 영화가 큰 인기를 끈다. 종종 정치인과 연예인의 불륜 스캔들도 흥미로운 가십거리로 소비된다. 이처럼 불륜이라는 사회적 현상에 대한 일본과 한국의 시선과 태도는 상당히 모순적이라고 할 수 있다.

그렇다면 일본에서는 왜 불륜에 대한 비난이 끊이지 않을까? 일본은 예로부터 자연재해가 많은 나라다. 특히 최근 10년 동안 대지진과 태풍 등의 영향으로 피해가 막심했다. 인간의 힘으로는 어찌할 수 없는 위기를 반복해서 겪다 보면 우리 뇌의 옥시토신 수용성이 높아진다. 옥시토신은 연인이나 가족 등 가까운 사람에 대한 애착을 높여 주고 불안과 긴장을 완화시켜 주는 역할을 한다. 또한 옥시토신은 '내집단 편견'을 강하게 만드는데, 내집단 편견이란 자신이 소속된 집단이 외부 집단에 비해 월등하다고 여기게 되는 인지 왜곡 현상이다.

구성원 개개인의 옥시토신 수용성이 높아지면 공동체의 결속

력이 강해진다. 외부의 적에 맞서거나 무리 내에 숨은 이기주의
자인 '무임승차자'를 색출하고 배척하는 과정에서 사회가 단결
하는 것처럼 말이다. 즉 일본은 계속되는 자연재해로 인해 국민
들의 옥시토신 수용성이 높아졌고 이 덕분에 똘똘 뭉쳐서 온갖
역경과 고난을 헤쳐 나갈 수 있었다. 같은 맥락에서 공동체의
기강을 뒤흔드는 불륜에 대해서도 거세게 비난하는 것이다.

비록 나는 뇌 과학자이지만 이런 현상을 들여다보면서 '한恨'
이라는 전통적인 정신세계와 정서를 떠올리지 않을 수 없다.
'한'이란 오랜 세월이 흐르면서 단단해진 민족적 특색의 일종이
다. 일본에서는 자연재해를 거듭 겪으면서 이런 한의 정서가 생
겨나고 쌓였다.

한국도 일본 못지않게 '한'이 많은 나라라고 생각한다. 한국
은 역사적으로 아픔과 슬픔을 많이 겪었기 때문이다. 그래서 일
본과 마찬가지로 한국인의 정신과 정서에 '한'이 서려 있고 이
는 공동체의 결속을 다지는 데 중요한 요소가 되었을 것이다.

사실 자연재해나 외부의 위협으로 인해 공동체가 단단해지는
현상은 일본과 한국뿐 아니라 인류 사회에서 보편적으로 나타
난다. 그리고 이러한 경향은 인간 사회를 진화시키는 데 긍정적

인 영향을 미쳐 왔다.

우리가 주목해야 할 것은 오히려 부정적인 영향력이다. 이 부정적 요소를 미리 파악하고 이에 대비하지 않으면 구성원과 공동체가 비극을 맞이할 수도 있기 때문이다. 한 나라의 지도자가 체제 유지를 위해 외부의 적을 향한 국민의 적개심을 부추기거나 내부의 소수자를 숙청하는 것은 구성원들의 옥시토신 수용성을 높이기 위한 연출이라고 할 수 있다. 그런데 이런 현상의 메커니즘이 바로 우리가 불륜을 비난하는 이유와 맞닿아 있는 것이다. 그러므로 불륜을 뇌 과학과 인문학의 관점에서 새롭게 바라보고 고찰하는 일은 인간과 사회의 본성을 좀 더 깊이 들여다보는 일이다.

이 책이 일본 독자에 이어 한국 독자들에게도 소개되는 것은 개인적인 기쁨보다 더 큰 의미가 있다. 왜냐하면 일본과 한국 사회가 서서히 전통적인 가부장적 가치관에서 벗어나 변화하고 있기 때문이다. 물론 어느 방향으로 어떻게 나아가야 할지는 끊임없이 고민해야 할 부분이다. 하지만 바로 그 지점에서 이 책이 힌트가 될 수 있지 않을까?

1장.

일부일처제도 인류의 생존에 적합하지 않다

2장.

인류가 절반이 타고난 불륜 유전자

3장.

4장.

우리는 왜 불륜에 비난하고 분노하는가

5장.

1장.

일부일처제는 인류의 생존에 적합하지 않다

가난한 나라일수록 불륜율이 높다?

"당신은 불륜을 절대 용납할 수 없다고 생각합니까? 아니면 딱히 상관없다고 봅니까?"

2013년 세계 여론 조사 연구소인 퓨리서치센터가 불륜을 '도덕적으로 용납할 수 없다'고 여기는 사람의 비율을 조사했다. 요르단, 이집트, 인도네시아, 레바논 등 이슬람 문화권에서는 90% 이상이었는데 팔레스타인과 터키는 무려 94%에 육박했다. 반대로 비율이 낮은 나라들을 살펴보면 프랑스가 47%로 선두였고 독일 60%, 인도 62%, 이탈리아와 스페인이 64%로 그 뒤를 이었다.

한편 일본은 69%였는데 이것은 국제적으로 결코 높은 편이 아니다. 그렇지만 '불륜을 용납할 수 없다고 생각하는 것'과 '실제로 불륜을 하느냐 마느냐'는 별개의 문제다.

파리에 거주하는 미국인 저널리스트 패멀라 드러커맨은 자신의 저서 《불륜의 흑성》에서 '가난한 나라일수록 불륜율이 높다'고 지적했다. 이 책에는 결혼 혹은 동거하는 사람들 중에서 1년 이내에 복수의 상대와 성관계를 가진 사람을

당신은 불륜을 노녁석으로 봉납할 수 있습니까?

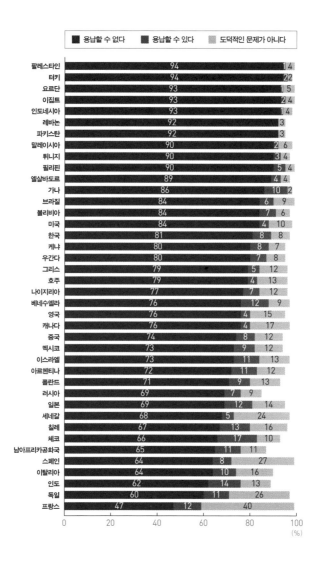

	용납할 수 없다	용납할 수 있다	도덕적인 문제가 아니다
팔레스타인	94	1	4
터키	94	2	2
요르단	93	1	5
이집트	93	2	4
인도네시아	93	1	4
레바논	92	1	3
파키스탄	92		3
말레이시아	90	2	6
튀니지	90	3	4
필리핀	90	5	4
엘살바도르	89	4	4
가나	86	10	2
브라질	84	6	9
볼리비아	84	7	6
미국	84	4	10
한국	81	8	8
케냐	80	8	7
우간다	80	7	8
그리스	79	5	12
호주	79	4	13
나이지리아	77	7	12
베네수엘라	76	12	9
영국	76	4	15
캐나다	76	4	17
중국	74	8	12
멕시코	73	9	12
이스라엘	73	11	13
아르헨티나	72	11	12
폴란드	71	9	13
러시아	69	7	9
일본	69	12	14
세네갈	68	5	24
칠레	67	13	16
체코	66	17	10
남아프리카공화국	65	11	11
스페인	64	8	27
이탈리아	64	10	16
인도	62	14	13
독일	60	11	26
프랑스	47	12	40

0 20 40 60 80 100
(%)

* 퓨리서치센터의 조사를 바탕으로 작성
http://www.pewglobal.org/2014/04/15/global-morality/table/extramarital-affairs/

조사한 각국의 비교 자료가 실려 있다.

불륜율이 가장 높은 나라는 서아프리카의 토고(남성 37.0%, 여성 0.5%)였고 그 뒤를 카메룬(남성 36.5%, 여성 4.4%), 코트디부아르(남성 36.1%, 여성 1.9%), 모잠비크(남성 28.9%, 여성 3.1%), 탄자니아(남성 27.6%, 여성 2.5%)가 이었다. 또한 여러 남미 국가의 남성도 외도 비율이 높아서 볼리비아 8.6%, 브라질 12.0%, 페루 13.5% 등이었다.

반대로 외도 비율이 낮은 지역은 미국과 유럽이었는데 미국(남성 3.9%, 여성 3.1%), 프랑스(남성 3.8%, 여성 2.0%), 이탈리아(남성 3.5%, 여성 0.9%), 스위스(남성 3.0%, 여성 1.1%), 호주(남성 2.5%, 여성 1.8%)의 결과를 확인할 수 있다. 가장 낮은 나라는 카자흐스탄(남성 1.6%, 여성 0.9%), 방글라데시(남성 1.6% 여성 집계 불가)였다.

안타깝게도 《불륜의 혹성》에는 일본의 조사 결과가 실려 있지 않지만, 일본인의 성적 경향에 관한 다른 조사 결과가 있다.

건강 관리 주식회사 젝스JEX는 2012년 11월, 20~69세의 남녀를 대상으로 조사를 실시해 《재팬 섹스 서베이》를 발

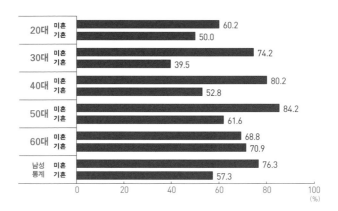

최근 1년간 교제 상대 이외의 사람과 성관계를 가진 남성

20대	미혼	60.2
	기혼	50.0
30대	미혼	74.2
	기혼	39.5
40대	미혼	80.2
	기혼	52.8
50대	미혼	84.2
	기혼	61.6
60대	미혼	68.8
	기혼	70.9
남성 통계	미혼	76.3
	기혼	57.3

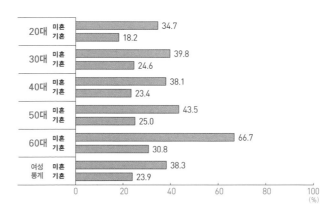

최근 1년간 교제 상대 이외의 사람과 성관계를 가진 여성

20대	미혼	34.7
	기혼	18.2
30대	미혼	39.8
	기혼	24.6
40대	미혼	38.1
	기혼	23.4
50대	미혼	43.5
	기혼	25.0
60대	미혼	66.7
	기혼	30.8
여성 통계	미혼	38.3
	기혼	23.9

* 출처: 〈주식회사 젝스의 〈재팬 섹스 서베이〉로 본 일본인의 성 행동 실태〉

표했고, 사단 법인 일본가족계획협회 연구센터는 이 조사를 분석하여 〈주식회사 젝스의 《재팬 섹스 서베이》로 본 일본인의 성 행동 실태〉라는 보고서를 마련했다.

이 조사에 따르면 '최근 1년간 정해진 교제 상대(배우자 또는 연인) 이외의 사람과 성적 접촉을 가진 사람'의 비율은 남성 1821명 중 1170명(64.3%), 여성 929명 중 270명(29.1%)이었다. 또한 남성의 경우, 미혼자는 76.3%, 기혼자는 57.3%가 교제 상대 이외의 사람과 성적 접촉을 가졌다고 대답했다.

피임 기구 제조업체로 유명한 사가미고무공업 주식회사가 2013년 일본 전역의 20~60대 남녀 1만 4100명에게 앙케트 애플리케이션으로 실시한 조사 결과도 있다.

이 조사에 따르면, 결혼 상대 혹은 교제 상대가 있는 사람들에게 '그 상대 외에 섹스를 하는 사람이 있는가?'라고 물었는데 전체의 78.7%가 '없다'고 답변했다. 그렇다면 나머지 21.3%는 '있다'는 셈이다. '있다'의 비율은 남녀 각각 다르며 남성 26.9%, 여성 16.3%였다. 세대와 성별로 따지면 20대 남성이 31.5%로 가장 높았고, 여성은 40대가 19%로 가장 많았다.

이 앙케트 결과를 있는 그대로 믿는다면, 일본 사회에서는 개발도상국 수준 혹은 그 이상으로 불륜이 횡행하고 있다는 의미가 된다.

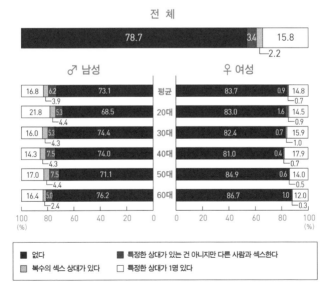

■■■ **결혼·교제 상대 이외에 섹스를 하는 사람이 있습니까?**

전체

78.7	3.4	15.8

2.2

♂ 남성 / 우 여성

남성				여성		
16.8	6.2 / 3.9	73.1	평균	83.7	0.9 / 0.7	14.8
21.8	5.3 / 4.4	68.5	20대	83.0	1.6 / 0.9	14.5
16.0	5.3 / 4.3	74.4	30대	82.4	0.7 / 1.0	15.9
14.3	7.5 / 4.3	74.0	40대	81.0	0.4 / 0.7	17.9
17.0	7.5 / 4.4	71.1	50대	84.9	0.6 / 0.5	14.0
16.4	5.0 / 2.4	76.2	60대	86.7	1.0 / 0.3	12.0

100 80 60 40 20 0 (%) / 0 20 40 60 80 100 (%)

■ 없다   ■ 특정한 상대가 있는 건 아니지만 다른 사람과 섹스한다
▨ 복수의 섹스 상대가 있다   ☐ 특정한 상대가 1명 있다

* 출처: 사가미고무공업 주식회사 〈일본의 섹스〉 http://www.sagami-gomu.co.jp/project/nipponnosex/

욕하면서 저지르는 내로남불 사회

예를 들면 살인율은 세계에서 치안이 가장 나쁘다고 알려져 있는 중앙아메리카의 엘살바도르에서도 인구 10만 명당 약 108명, 요컨대 0.1%밖에 안 된다(2015년 조사). 하지만 불륜의 경우 통계 데이터의 수치상 아무리 낮은 국가라도 살인의 100배 정도는 된다. 다시 말해 인간 사회에서 불륜은 흔하디흔한 행위라고 할 수 있다.

그렇지만 성과 관련된 조사는 민감한 부분이기 때문에 신뢰도에 대한 의문이 늘 따라붙는다. 이런 조사에 별다른 저항 없이 답변하는 사람들은 애당초 성적으로 열린 사고와 태도를 가졌다는 점을 부정할 수 없다. 따라서 과거의 학술 조사 결과에서는 간혹 실상과 동떨어진 높은 수치가 나오곤 했다.

애플리케이션 조사 이외의 다른 조사도 살펴보자. 조사 대상 연령이 40대 이상으로 한정되긴 했지만, 일본노년행동과학회가 2011년 1월~2012년 12월까지 간토 지역에 거주하는 40~79세의 남녀(배우자가 있는 답변자는 남성 404명, 여성 459명)를 대상으로 조사한 데이터가 있다(《섹스리스 시대의 중·노년 '성' 백서》, 일본성과학회 섹슈얼리티연구회 지음).

이 조사에 따르면 '배우자 이외의 이성과 친밀한 교제를 한다'고 대답한 사람의 비율이 남성은 40대 38%, 50대 32%, 60대 29%, 70대 32%, 여성은 40대 15%, 50대 16%, 60대 15%, 70대 5%였다.

'친밀한 교제'라고 해서 반드시 섹스가 동반된다고 단정할 수는 없지만, 같은 조사에는 애무나 성교를 동반하는 관계에 대한 내용도 있다. 이 경우 남성은 40대 29%, 50대 30%, 60대 20%, 70대 17%(성매매 업소 이용 포함), 여성의 경우 40대 14%, 50대 10%, 60대 5%, 70대 1%였다.

흥미로운 점은 2000년에 실시했던 동일한 조사와 비교하면, 남녀 모두 '배우자 이외의 이성과 친밀한 교제를 한다'고 답변한 사람의 비율이 일제히 증가했다는 것이다. 젊은 층에서는 연애와 성에 소극적으로 변해 가는 이른바 '초식화'가 지적되는 반면, 중·노년의 기혼자들 사이에서는 이성과의 관계가 적극적으로 변화하는 것으로 보인다.

어쨌든 어느 조사를 보더라도 일본은 세계적으로 불륜

율이 높은 편이다. 특히 최근에는 불륜이 발각된 저명인사에 대한 대중의 비난이 무시무시한 데 비해 실제로는 사회 곳곳에서 불륜이 행해지고 있는, 대단히 모순적인 상태라고 할 수 있다.

성적 자유를 빼앗은 가부장제

일부일처제는 원래부터 인류에게 당연한 제도였을까? 한 사람이 단 1명의 특별한 상대와만 성적인 인연을 맺는 형식 이외의 혼인 형태, 예컨대 일부다처, 일처다부, 다부다처 등에 생리적인 혐오감을 품는 사람도 있을지 모른다. 하지만 인류의 역사를 돌아보면 일부일처제 이외의 혼인 형태는 결코 드물지 않았다. 그 예로 일본의 혼인 형태 변천사를 살펴보자.

　고대 일본 사회에서는 남녀 모두 복수의 상대와 관계를 맺은 적이 있었다. 《만엽집》(일본에서 가장 오래된 고대 가요 모음집—옮긴이)에는 "뜻이 맞으면 같이 잘 수 있을 텐데"라는 문장이 나오는데 여기서 연애와 성애가 직결됐다는 것을 엿볼 수 있다. 물론 당시의 결혼 제도 자체가 현재와는 다르다는 점을 계산에 넣어야 하겠지만 어쨌든 유부녀와의 사랑조차 엄벌의 대상이 되지 않았다. 오늘날 당연시되는, '특정 이성과 교제할 때 다른 이성과 교제하면 안 된다'는 규범은 없었던 것이다.

그러한 상황이 크게 변한 것은 중세부터 근세에 걸쳐 부모(가정)가 결혼에 관여하게 된 이후로 보인다. 이 시대에는 남녀 모두 결혼의 결정권을 쥔 주체가 부모(특히 아버지)였고, '혈통과 가문을 지킨다'는 가치관이 바탕이 된 남성 우위의 가부장제가 성립되었다.

그 결과 부부 관계는 서로에게 연애 감정을 품고 육체적인 쾌락을 함께 나누는 결합이라기보다는 '자손을 남기고 가문을 지키기 위한 계약'에 가까운 관계가 되었다. 유부녀와의 간통에 대해 폭력적인 제재가 가해지게 된 시기도 이 무렵부터인 것으로 추측된다.

다만 사회 계층이 높은 권력자들 사이에서는 후계자를 남기고 권력 기반을 확고히 다지는 데 있어서 일부일처보다 오히려 일부다처가 권장되었다. '후손을 낳지 못하면 남편은 아내를 바꿔도 된다'는 가치관이 있었던 것이다.

한편 천황가를 비롯해 귀족이나 장군 가문, 벼슬을 지낸 가문이라도 지위를 계승하는 남자 이외에는 독신인 채로 출가하는 경우가 적지 않았다. 또한 그들의 노동력이었던 하인도 중세 전기까지는 기본적으로 홀몸인 상태를 요구받았다. 에도 시대(1603~1867년)에는 상점에 고용된 직원이나 하층민 중에 결혼을 못 한 독신자가 많았을 것으로 추정된다.

시간이 흘러 근대인 메이지 시대(1867~1912년)로 들어오면 법률상 일부일처제가 기본이 된다. 그런데도 지위가 높은 남성이 애인을 두는 경우는 흔했다. 여성에게는 간통죄가 적용되었지만 사회적 제재로서 현재처럼 국민 대다수가 맹비난을 퍼붓는 현상은 일어나지 않았다. 메이지 시대에는 에도 시대까지 금지되었던 다른 신분끼리의 결혼에 대한 규제가 풀려서 무사 가문 사람과 평민, 일본인과 외국인의 결혼이 자유로웠다.

그리고 1880년대에 '연애'라는 말이 번역되어 들어왔고(그전까지는 '색色, 연戀' 등으로 표현되었다), 다이쇼 시대

(1912~1926년)에는 부모가 정해 주는 상대와 결혼하지 않는 자유연애, 자유 결혼이 많아졌다. 1920년대부터는 부모의 강제까지는 아니지만 연애결혼이라고도 할 수 없는 중매결혼이 일반적으로 자리를 잡았다.

한편 근대로 접어든 후에도 일본 각지에는 여전히, 남자가 밤에 몰래 여인의 방에 잠입하는 '요바이夜遣い 풍습'이 남아 있었다. 예를 들면 축제 같은 일정 기간에 마을 전체 여성의 성을 해방하거나 딸, 후처, 여종만을 해방시키는 것이다. 이는 일상 속 고된 노동의 긴장을 완화시키고 불임 남편을 둔 가정에 노동력으로서의 아이를 갖게 하는 등 공동체를 결합하고 유지하는 기능을 했을 것으로 보인다. 동시에 생물 집단의 존속과 유전적 다양성의 유지에도 크게 기여했을 것이다.

이렇듯 역사를 돌이켜 보면 예전에는 일본 사회에도 결혼제도와는 별개로 성욕을 채우거나 생식을 촉구하는 구조가 갖춰져 있었다는 사실을 알 수 있다.

불륜 관계를 활력소로 삼은 작가

일본 사회는 근대로 접어들면서 성적 자유도가 저하되었다. 하지만 동시대에 꽃을 피웠던 일본 문학과 사회 운동을 설명하면서 '불륜'이라는 두 글자를 빼놓을 수 없다.

작가 및 번역가이자 여성 해방 운동가로 활약한 이토 노에(1895~1923년)는 그야말로 연애에 생애를 다 바쳤다. 후쿠오카 현에서 태어난 이토는 공부에 매진하여 도쿄 우에노에 있는 여학교에 진학했다. 그런데 본가에서 결혼 상대를 멋대로 정해 버리고, 당사자가 참석하지 않은 채로 결혼식까지 치렀다. 그야말로 가부장제 아래에서 강요당한 결혼인 셈이었다.

그런 결혼에 반발한 이토는 신혼집에 들어간 지 불과 여드레 만에 도망쳐서 상경했고, 여학교 시절 영어 교사였던 즈지 준과 동거를 시작했다. 사실 즈지와는 여학교 시절부터 육체관계를 가졌다.

이토는 그 시기에 히라쓰카 라이테우가 주재하는 여성 문단 '세이토샤'에 드나들기 시작했고 요사노 아키코, 오카

모토 가노코 등 유명 문인들에게 재능을 인정받았다. 즈지와의 사이에서 두 아이도 태어났다.

그런데 즈지가 이토의 사촌 여동생과 성적 관계를 가진 일을 계기로 두 사람 사이에 균열이 생겼다. 히라쓰카를 필두로 세이토샤의 문인들은 모두 정열적인 연애 일화를 가진 것으로 유명하고 여러 추문까지 보도되었지만, 이토는 그들보다 정도가 훨씬 심했다.

이토가 즈지와 아이를 버리고 무정부주의자였던 오스기 사카에게 달려간 것이다. 오스기에게는 이미 내연의 처와 애인이 있었지만 이토는 그 틈으로 뛰어들어 사각 관계의 늪에 빠지고 말았다.

무시무시한 애증의 소용돌이 속에서 오스기는 내연의 처와 이별했다. 또한 애인이었던 가미치카 이치코가 오스기를 칼로 찌르고 살인 미수죄로 투옥되는 사건이 벌어졌다. 가미치카는 당시에 도쿄니치니치 신문(마이니치 신문의 전신)의 기자였는데, 전후에는 정치가로 변신해 매춘 방지법 제정에 전력을 쏟았다.

결과적으로 이토는 오스기의 유일한 여자가 되어 5명의

아이를 출산했다. 그런데도 이토는 안정을 찾기는커녕 잡지에 결혼 제도 부정론에 대한 글을 기고하는 등 점점 더 과격하게 활동하기 시작했다. 자유분방하기 이를 데 없는 그녀의 언동은 필연적으로 관청의 주목을 끌게 되었다.

그리고 1923년 9월, 오스기 등과 함께 헌병에게 연행된 이토는 혹독한 폭행을 당한 끝에 사망하고 말았다. 그녀의 나이 고작 28세의 짧은 생애였다.

현재는 상상조차 할 수 없을 만큼 봉건적이고 여성의 지위도 낮았던 당시에 이토는 더할 나위 없는 미디어의 먹잇감이었다. 그녀의 언동 하나하나가 보도되며 대중에게 오락거리로 제공되었다. 또한 그녀의 자녀와 가족도 따가운 눈초리에 시달리며 차별을 받았다고 한다.

그러나 이토는 그 짧은 생애에도 다수의 작품을 남겼고 후세에 큰 영향을 미쳤다. 그녀의 에너지의 원천은 성애性愛에서 비롯된 것이기에 불륜 관계조차 활력으로 삼았다고 할 수 있다.

일부일처는 절대적인 표준이 아니다

일본 이외의 나라나 지역의 역사를 살펴보면 과거에 일부일처제 이외의 형태를 취했거나 혹은 현재에도 사실상 허용하고 있는 사회가 드물지 않다. 예를 들어 이슬람 문화권에서 일부다처가 인정된다는 사실은 잘 알려져 있다.

미국의 인류학자 조지 피터 머독은 저서 《사회구조》에서 세계 238개의 인간 사회 중 일부일처 혼인, 즉 단혼單婚만 허용하는 사회는 43개뿐이라고 지적했다. 또한 프랑스의 철학자 자크 아탈리의 저서 《그림으로 보는 사랑의 역사》에는 브라질의 과야키족, 인도의 라다크족, 티베트에 사는 민족 중 일부, 중국 윈난성에 사는 소수 민족인 나시족 등 현존하는 일처다부 사회들이 소개되었다.

또한 곰곰이 생각해 보면 현재의 일본을 비롯한 선진국의 사회 제도는 진정한 의미의 일부일처제를 전제하지는 않는다. 현재 결혼한 사람이 다른 누군가와 연애를 하면 불륜이 된다. 그러나 반려자를 먼저 떠나보냈거나 이혼한 경우처럼 '시간차'가 있다면 재혼이 허용된다. 시간차가 있으면 다른 이성과 결혼할 수 있는 제도는 진정한 의미의 일부일처가 아니다.

사회적으로 재혼을 허용하는 이상 우리는 '한 사람을 사랑해서 동반자로 선택하면 남은 생은 오직 그 사람만 바라봐야 한다'는 가치관을 사회 윤리로 여긴다고 할 수 없을 것이다.

일부일처를 고수하는 프레리들쥐

대다수의 포유류는 일부일처형이 아니지만, 한번 파트너를 정하면 그 상대 외에는 사랑하지 않는 타입의 생물도 존재한다. 예를 들면 북미 초원에 프레리들쥐라는 몸집이 작은 포유류가 서식하는데 이 프레리들쥐는 일부일처를 평생토록 유지하는 것으로 유명하다.

프레리들쥐는 수컷과 암컷이 한번 맺어지면 24시간 동안 15~30회 정도 교미한 후 서로 딱 달라붙어서 털 고르기를 한다. 수컷은 부부 관계를 맺기 전에는 성질이 온순하지만 특정한 암컷과 맺어진 후에는 그 암컷 이외의 프레리들쥐를 발견하면 암수를 가리지 않고 맹렬하게 공격한다.

그들은 일단 한 쌍으로 맺어지면 평생 동안 그 파트너와 백년해로한다. 인위적으로 수컷과 암컷을 떼어 낸 뒤 각각 다른 이성과 한곳에 두어도 좀처럼 새로운 커플을 맺지 못한다는 사실도 밝혀졌다. 게다가 배우자가 죽은 후 다른 이성이 구애를 해도 상대를 공격해서 쫓아 버릴 정도다. 인간은 결혼하고 몇 년이 지나면 부부 관계가 식어 버리는 경우가 드물지 않지만, 프레리들쥐의 부부 관계는 식지 않고 계속 이어진다.

또한 수컷 프레리들쥐는 육아에도 적극적으로 참여한다. 새끼가 태어나면 수컷은 헌신적으로 둥지로 먹이를 나른다.

▌완고하게 일부일처를 지키는 프레리들쥐.

그리고 암컷이 둥지 밖으로 나올 때는 새끼 곁에 붙어서 털을 골라 주고 지켜 준다.

프레리들쥐처럼 일부일처형의 성 행동을 취하는 동물은 전체 포유류 중 3~5%뿐이라고 알려져 있다. 예전에는 많은 생물을 일부일처형이라고 여겼던 시대도 있지만 연구가 진행됨에 따라 생물 세계에서 일부일처형은 다수파가 아니라는 사실이 밝혀졌다.

게다가 '1마리의 수컷을 중심으로 여러 마리의 암컷이 집단을 구성하는 하렘harem' 형태의 일부다처뿐 아니라 이른바 불륜이나 난혼을 하는 생물도 다수 존재한다.

예를 들면 유라시아 대륙과 일본의 고산 지대에 걸쳐 분포하는 바위종다리라는 새는 여러 마리의 수컷과 암컷이 한 무리를 이루어 생활한다. 그런데 암컷들은 제각각 둥지를 짓고는 무리의 거의 모든 수컷과 교미를 한다. 그러면 수컷들은 모든 암컷의 둥지에 먹이를 나른다.

또한 오스트레일리아 대륙의 남동부에는 요정굴뚝새라는 아주 작고 아름다운 새가 분포하고 있는데 이 새들은 불륜율이 매우 높은 것으로 유명하다. 요정굴뚝새는 일부

▌암수 모두 활발하게 불륜을 하는 요정굴뚝새. 왼쪽이 수컷이다.

일처로 부부의 연을 맺긴 하지만 암수 모두 다른 이성과 활발하게 교미한다. 그렇기 때문에 무려 80% 가까운 쌍들이 다른 수컷의 DNA를 가진 새끼를 키우게 된다.

호색적인 암컷의 생식력이 더 강하다

또한 미국 중서부의 건조 지대에 서식하는 프레리도그 암컷은 발정기에 복수의 수컷과 교미한다. 수컷 1마리와 한 번만 교미하는 암컷보다 '호색'적인 암컷의 수정률이 높아서 결과적으로 많은 자손을 남길 수 있다.

런던대학교의 임페리얼칼리지 연구원이자 과학 기고가이

기도 한 올리비아 저드슨은 대체적으로 난혼 암컷이 건강한 자손을 많이 낳는 경향이 있다고 지적했다.

인간과 가까운 또 다른 영장류를 보더라도 반드시 일부일처형은 아니며 오히려 대부분은 일부다처다. 고릴라는 일부다처고 침팬지와 보노보, 오랑우탄은 난혼이다. 고릴라는 무리 안에서 수컷끼리 싸워서 승리한 단 1마리의 수컷만 무리의 암컷을 차지할 수 있다.

침팬지 등이 난혼을 하게 된 이유는 무리 안에서 서로 싸우기보다는 결속해서 행동하는 편이 적응도(한 유전자가 다음 세대로 전달되고 생존하여 다시 다음 세대로 전달될 수 있는 확률—옮긴이)가 높기 때문일 가능성이 있다. 침팬지는 암컷이 발정하면 수컷은 암컷과 잇달아 교미하고 암컷도 닥치는 대로 다른 수컷들을 받아들인다.

한편 일부일처형에 가깝다고 알려진 영장류로는 긴팔원숭이가 있다. 긴팔원숭이는 무리를 짓지 않고 단독 행동으로도 살아갈 수 있기 때문에 일부일처형이 가능하다고 추측한다. 또한 연구가 진행됨에 따라 긴팔원숭이 중에서 흰손긴팔원숭이는 엄밀한 의미의 일부일처형이 아닌, '사회적 일부일처형'인 것으로 밝혀졌다.

영장류에게는 동성애도 그리 드물지 않다. 긴꼬리원숭이의 일종인 랑구르원숭이나 고릴라는 수컷끼리 교미하길 좋아하고, 일본원숭이는 암컷끼리 교미하며, 보노보는 자웅을 가리지 않고 동성끼리 교미할 때가 있다. 다만 동성끼리 교미해도 이성애를 저해하지는 않는다. 또한 암컷이 임신해도 동성과의 교미를 멈추지 않는다. 특히 보노보는 동성 간, 이성 간 교미를 통해 동료와의 유대를 돈독히 하지만 보노보 외의 영장류는 단지 쾌락을 추구할 뿐이라는 견해도 있다.

어쨌든 특정 파트너 이외의 상대와 성행위를 하는 것은 생물계에서는 평범한 현상이다. 오히려 일부일처형이 더 보기 드문 별종이라 할 수 있다.

영장류의 정자 경쟁

영장류의 난혼 정도는 수컷의 고환 크기, 다시 말하면 정자의 생산 능력과 깊은 상관관계가 있다는 사실이 밝혀졌다.

예를 들어 침팬지는 암컷 1마리가 수컷 7~8마리와 하루에 만 10회 이상 난교하는 경우가 흔하다. 그렇기 때문에 수컷은 암컷의 몸속에 있는 다른 수컷의 정자를 이겨 내야 한다. 경쟁에서 이기려면 대량의 정자가 필요하다. 이것을 정자 경쟁이라 부른다.

난교하는 침팬지의 고환 중량은 인간보다 약 3배나 높다. 체중에 대한 고환 무게의 비율도 침팬지는 0.2~0.8%지만 인간은 0.06% 정도다. 같은 유인원이지만 고릴라의 경우, 암컷이 기본적으로 1마리의 수컷하고만 관계를 맺으므로 수컷 고릴라는 고환과 성기 모두 신체와 비교하면 상당히 작은 편이다.

맨체스터대학교의 로빈 베이커와 마크 벨리스는 1995년에 행한 실험에서, 인류에게도 정자 경쟁이 일어난다는 것을 암시하는 결과를 얻었다. 그들은 여러 커플에게 콘돔을 나눠 주고 섹스를 할 때 받은 남성의 정액을 회수했다. 동시에 그 커플이 다음 섹스를 할 때까지 함께 지낸 시간을 조사했다. 그 결과, 함께 지낸 시간이 짧은 커플일수록 다음 섹스 때 남성의 정자가 많이 방출되었다. 이것은 커플이 떨어져 있는 동안 여성이 다른 남성과 섹스를 했을 가능성을 무의식적으로 고려하여 정자 경쟁에서 이기기 위해 다수의 정자를 방출하려는 남성의 시스템이 작동했기 때문이라고 볼 수 있다. 함께 지낸 시간이 길었던 여성과의 섹스에서 정자 양이 적었던 까닭은 다른 남성에게 질 염려가 없기 때문인 것이다.

또한 수컷끼리의 경쟁은 정자의 생산 능력 외에도 드러난다. 예를 들면 로리스loris라는 영장류는 성기가 거대하고 이상한 형상을 하고 있는데 그것은 자기보다 먼저 교미한 수컷의 정자를 암컷의 질에서 긁어내기 위한 것으로 보인다. 호주의 생식생물학자 R. V. 쇼트의 조사에 따르면 영장류 수컷의 발기한 성기 크기가 고릴라는 3센티미터, 오랑우탄은 4센티미터, 침팬지는 8센티미터였다. 그에 비해 인간은 13센티미터로 다른 영장류와 비교할 때 상당히 크다. 인류의 선조 수컷도 암컷이 바람피울 가능성을 전제하여 성기가 다른 수컷의 정액을 긁어낼 수 있는 모양으로 진화하지 않았을까 짐작해 볼 수 있다.

이런 점에 미루어 본다면 인류의 선조는 일부일처형 성생활을 하지 않았다고 보는 게 더 자연스럽지 않을까? 만약 인류가 성적으로 정숙하여 파트너를 뺏길 걱정이 없었다면 분명 정자 경쟁에서 이기기 위한 기능 따윈 필요가 없었을 것이다.

하지만 인류의 선조가 일부일처였음을 암시하는 부분도 있다. 예를 들면 수컷과 암컷의 체중 차이다. 일부다처인 고릴라의 수컷 체중은 암컷의 2배나 된다. 고릴라는 암컷을 놓고 수컷끼리 격렬하게 싸워 승리를 쟁취한 우두머리가 암컷을 독점하며 무리를 지켜야 하기 때문에 큰 덩치가 필요하다. 한편 일부일처형인 생물은 수컷과 암컷의 체격 차이가 별로 크지 않다. 인간의 남녀 체격 차이는 고릴라 정도는 아니다. 이를 근거로 '인류는 원래 일부일처형이었다'고 보는 의견도 있다.

그러나 일부일처형이 아닌 난혼형 영장류 또한 수컷의 신체는 특별히 크지 않다. 침팬지나 일본원숭이도 수컷과 암컷의 체격 차이가 거의 없다. 그렇다면 역시 수컷과 암컷의 체격 차이만으로 인간이 원래 일부일처형인지 난혼형인지 확신하기는 어렵다.

저마다 번식 시스템이 다른 이유

생물은 왜 일부일처나 난혼처럼 전혀 다른 번식 시스템을 갖고 있는 것일까? 한마디로 설명하자면 어떤 생물이 현재의 생식 스타일로 진화한 까닭은 그러는 편이 환경에 적응하기 쉽기 때문이다. 요컨대 효율적으로 살아남아 번식하는 데 지금과 같은 생식 스타일이 유리했기 때문이다.

한 생물에게 있어서 일부일처제가 일반적인 생식 전략으로 정착되는 이유는 난혼보다 1대 1의 부부 관계를 가지는 편이 더 많은 자손을 남길 수 있어서다. 대부분의 조류가 실제로는 자기 짝 이외 상대와 교미(인간으로 따지면 불륜)를 하는데도 불구하고 일부일처형을 고집하는 이유는 1대 1의 부부 공동생활을 하는 편이 새끼의 생존율을 높이고 번식하기도 쉽기 때문이다.

한 생물이 왜 그런 생식 스타일에 이르렀는지 따져 보려면 그 생물이 어떤 환경에서 살고 있는지 혹은 살아왔는지 살펴볼 필요가 있다. 예를 들면 곤충이나 심해 생물은 수컷보다 암컷의 신체가 더 큰 경우가 많다. 대표적으로 심해에

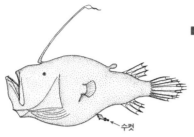

■ 트리플워트 씨데빌의 수컷과 암컷의 크기 비교. 암컷보다 훨씬 작은 수컷은 암컷에 기생한다.

사는 아귀의 일종인 트리플워트 씨데빌은 암컷의 몸길이가 40센티미터인데 비해 수컷은 1~7센티미터밖에 안 된다. 정소만 발달한 수컷은 한번 암컷의 몸에 달라붙게 되면 암컷 몸에서 영양을 빨아들이면서 정자를 방출하는 도구로 살아간다. 그리고 교미 후에는 결국 암컷의 몸에 흡수되어 사라져 버린다.

그렇다면 트리플워트 씨데빌은 왜 그런 번식 행동을 취할까? 심해는 영양이 부족한 환경이기 때문에 자손을 많이 퍼뜨릴 생각을 하기 이전에 일단은 자신부터 살아남고 볼 필요가 있다. 그래서 새끼를 낳는 암컷에게 대부분의 자원을 집중시켜 최대한 살아남을 수 있는 전략을 선택했을 것으로 보인다.

게다가 혹독한 환경 속에서 수컷과 암컷이 만날 기회도 제한된다. 수컷은 어렵게 만난 암컷을 놓쳐 버리면 생식 기회를 다시 얻을 수 있을지 장담할 수가 없다. 따라서 수컷은 정자를 만드는 장치로 특화되어 암컷에게 기생하며 최종적으로 암컷과 융합되어 일생을 마치는 방향으로 진화한 것으로 추측된다.

농경과 성병에서 시작된 일부일처

인류의 생식 스타일을 생존 전략이라는 관점에서 고찰해 보자. 본래 인류의 선조는 일부일처형이 아니었지만 유사 이전의 어느 시기에 어떤 큰 사건을 계기로 일부일처형의 혼인 형태를 택하게 되면서 남녀가 장기적인 협력 관계를 만드는(한 쌍을 이뤄 공동생활을 하는) 편이 더 유리하게 되었다. 그런 까닭에 인류의 공동체 중 대부분이 현재와 같은 일부일처제를 택하게 되었다…… 라고 생각할 수 있다.

그렇다면 인류는 어떤 계기로 일부일처제를 적극적으로

채택하게 되었을까? 인류가 일부일처제를 선택하게 된 계기는 농경과 성병(성 감염증)이 원인이라는 연구가 있다. 캐나다 워털루대학교 응용수학 전공의 크리스 바우흐 교수 연구 팀은 인구 통계와 질환 전파의 매개 변수를 이용한 수리 모델을 구축하고 모의실험을 실시했다.

그들은 논문에서 "인류의 선조는 수렵 채집 생활을 했을 무렵에는 일부다처였지만 농경을 시작하며 집단으로 정착하게 된 후 성병의 대유행으로 큰 타격을 입었다. 그로 인해 같은 상대와 평생토록 백년해로하는 편이 공중위생적인 관점에서 볼 때 집단 유지에 유리해서 일부일처제가 정착하게 되었다"고 추측했다.

그들의 모의실험에 따르면 수렵 채집 생활을 하는 데 적합한 30명 이하의 소규모 무리에서는 집단 성병 발생이 단기간에 그쳐서 출생률 저하까지 이어지지는 않았다. 하지만 농경을 하는 데 적합한 300명 이상의 집단에서는 성병이 한 번 유행하면 개인의 생식 능력뿐 아니라 집단 전체의 번식률에 심각한 악영향을 미치며 출생률까지 저하되는 결과가 나왔다. 그들은 이러한 결과를 통해 농경 성립과 성병 유행이 일부일처제 이행과 관련이 있다는 결론을 내렸다.

이 가설을 뒤집어 보면 "성병을 예방할 수 있고 충분한 번식이 가능해지면 일부일처제를 유지할 필요는 없다"고 해석할 수도 있을 것이다. 또한 '정조眞操'라는 개념은 인류가 본래 자연 발생적으로 타고난 게 아니라 농경을 시작하면서 일부일처제가 확립된 후 '부록'처럼 부여된 윤리관일 수 있다.

육아 비용으로 살펴본 부부 관계

인류는 다양한 생물 중에서도 자녀를 키우는 비용이 상당히 높은 부류에 속한다. 육아 비용이라고 하면 금전적인 비용만 떠올리는 사람이 많을지 모르지만 그것뿐이 아니다. 부모는 자식에게 막대한 시간 자원을 투자해야 한다.

'성인'을 '생식 기능을 갖추고 다음 세대를 만들 수 있게 되는 것'으로 정의한다면 태어난 뒤 10여 년은 걸린다. 이것은 전 세계의 어느 인간 사회에서도 크게 다르지 않다. 옛날에는 만 6세 정도면 한 사람 몫의 노동력을 가진 것으로 여겨서 어른과 별반 다르지 않은 대우를 받은 적도 있다. 하지만 거의 모든 나라에서 초등 교육이 의무화된 오늘날에는 빨라도 2차 성징이 일어나는 생후 10여 년 동안 아이들은 주변 어른들에게 의존해서 살아간다. 일본에서는 20세가 되면 성인이지만 그럼에도 불구하고 부모에게서 완전하게 독립하는 자녀는 소수일 뿐이다.

다만 자식을 보살피는 시간적 비용을 누가 얼마나 부담하느냐는 환경 조건에 따라 달라진다. 어머니에게만 무거운 부담이 되느냐, 부모 둘 다 무거운 교육적 의무를 지느냐, 사회 전체나 집단 전체가 나름의 비용을 부담하느냐는 환경 조건이나 사회 상황에 따라 다르다. 온난하고 식량을 쉽게 얻을 수 있는 풍요로운 환경이라면 자식에게 큰 비용을 들이지 않아도 된다. 게다가 아이 자신의 힘으로도 어느 정도 생존할 수 있으므로 난혼에 가까운 생식 스타일이 적응도가 높다.

여성이 남성의 경제력에 의지하지 않아도 될 정도로 풍요로운 환경이라면, 남녀 모두 1명의 상대와 해로하기보다는 좀 더 좋은 상대를 찾아 지체 없이 바꾸는 편이 자손을 더 많이 남길 수 있다.

실제로 브라질 아마존의 남부 분지에 사는 원주민 문두루쿠족이나 브라질 북부에서 베네수엘라에 걸친 아마존 오지에 사는 야노마미족은 원시적인 채집이나 수렵만으로도 식량을 마련할 수 있는 환경에서 살기 때문에 다부다처 혹은 난혼을 더 좋게 여긴다.

그들 사회에는 이미 임신한 여성이 복수의 다른 남성과 성관계를 가지는 전통이 있다. 그렇게 함으로써 남자들은 태어날 아기에게 '뭔가를 줬다'고 여기고, 유전적으로 자기 자식이 아니라 하더라도 그 아이의 육아에 공헌해야 한다는 생각을 갖게 된다.

미국 워싱턴 주 에버그린주립대학교의 역사학·가족학 교수인 스테파니 쿤츠는 부와 지위의 격차가 크고 그것이 자녀에게 계승되는 사회는 여성의 정조에 엄격한 경향이 있다고 지적했다.

또한 아마존 원주민의 사례처럼 큰 고생 없이도 살아갈 양식을 얻을 수 있고, 리소스를 축적하기보다 공유하는 게 중요한 사회의 경우 배우자와의 관계성이 1대 1에서 멀어진다(요컨대 일부일처제는 사라진다)고도 지적했다.

혹독한 환경에서 유리한 일처다부

한편 생존하는 데 가혹하고 열악한 환경에서는 부모가 함께 협력해서 육아를 책임져야만 한다. 한 부모만으로 살아가기 힘들면 최대한 부부의 협력 관계를 유지하며 함께 생활하는 쪽을 선택할 것이다.

또한 자식을 방치했을 때 금방 목숨을 잃게 되는 상황이라면 자기 유전자를 남기고 싶은 부모들은 필사적으로 자식을 보살피게 된다. 즉 일부일처제가 더 유리해진다.

좀 더 극단적으로 혹독한 환경이라면(인간 사회에서는 매우 드물겠지만) 일처다부가 유리한 경우도 상상해 볼 수 있다. 자원이 부족해서 남성 1명으로는 처자식을 부양할 수 없지만 2명 이상이라면 얼마든지 가능한 경우에 일처다부가 채택될 것이다.

그 소수의 사례로 히말라야산맥과 카라코람산맥 사이의 산간 지역에 사는 라다크족을 들 수 있다. 라다크족은 복수의 남편을 둔 여성이 평균 5.2명의 자녀를 낳지만 남편이 1명뿐인 여성은 3.1명의 자녀를 낳는다. 일처다부 사회에서는 1명의 아내를 2명 이상의 형제가 공유하는 경우가 많다. 형제는 유전자를 반씩 공유하고 있으므로 형 또는 동생의 자식이라고 해도 자신의 유전자가 다음 세대로 계승된다고 여길 수 있기 때문이지 않을까 추측된다.

또한 북극 지방의 원주민 이누이트는 다른 공동체에 사는 가족끼리 부부 교환(공동혼)을 함으로써 혈연의 연대를 다지고 호혜적인 관계를 쌓아서 자신과 집단의 생존 확률 또는 자손을 남길 확률을 높인다.

혹독한 환경에서 살아남기 위해 여성 쪽에 자원을 최대한 집중시키는 전략은 앞에서 소개한 심해어 트리플워트 씨데빌과 공통된 구조라 할 수 있다.

일부다처 남편은 결코 행복하지 않다

그렇다면 인간 사회에서 일부다처가 선택되는 경우는 무엇일까? 일부다처제는 아버지가 육아에 드는 시간적, 정서적 비용을 거의 지불하지 않고 어머니에게 맡기는 대신 경제적 비용을 전면적으로 부담하는 방식이라고 할 수 있다. 이것은 한쪽 부모만 자식을 보살펴도 그럭저럭 해결되는 수준의 사회 내지는 한쪽 부모만 자식을 보살피는 게 오히려 자손을 더 늘릴 수 있는 사회에 효과적이다. 무척 풍요롭거나 궁핍하지 않으면서도 빈부의 격차가 큰 사회에서 채택되기 쉬운 제도다.

인류가 오래도록 살아온 환경은 일부다처제가 번식에 더 효과적인 조건이었을 것이다.

이렇게 말하면 "당신은 바람피우는 남자 편을 드느냐!"며 분노해서 책을 덮어 버리고 싶은 여성도 있을지 모르겠다. 또한 남성 중에는 기뻐하는 사람도 적지 않을 것이다. 그러나 그것은 큰 오해다.

분명 역사적으로 대부분의 사회에서 남성의 부정은 죄를

묻지 않고, 여성의 간통은 중죄로 처벌해 왔다. 하지만 그러한 여성 차별은 이제 용납되지 않는다. 다만 사회 제도로써의 일부다처혼은 불륜이나 혼외정사 같은 단순한 외도와 사정이 다르다. 남성은 오히려 혹독한 조건을 강요당하는 셈이다.

예를 들면 무슬림에서는 일부다처가 인정되는데 코란에는 "모든 아내를 공평하게 대하라"라고 쓰여 있다. 많은 아내를 대하면서 차별을 하면 질투가 생겨서 여자끼리 싸우거나 혹은 남편을 상대로 사건과 사고를 일으킬 게 뻔하기 때문이다.

다시 말해 일부다처 사회에서 남성은 집안 여성들의 질투로 인한 다툼이나 재산을 둘러싼 분쟁을 잘 관리하고 조율해야만 한다. 이에 걸맞은 인격과 관리·조율 능력이 요구되기 때문에 어중간한 바람기만으로 여러 아내를 얻는 것은 무리다.

다만 이슬람 문화권 이외에서 일부다처가 행해질 때 대체로 '첫 부인'과 '그 외'로 나뉘며 모든 아내들이 평등한 대접을 받는 경우는 드물다. 그리고 본처와 애첩의 싸움은 때로 역사를 바꿔 버릴 정도로 확대되는 경우도 있다.

사실 남성에게는 일부다처가 일부일처보다 훨씬 성가시고 스트레스를 불러일으키는 제도다. 주위의 많은 여성을 심리적·육체적으로 만족시켜야 하고, 사사롭고 성가신 일도 꺼리지 않고 대응해야 하며, 아내들의 신뢰도 얻어야 한다. 애당초 많은 아내와 자식들을 부양할 만한 경제력이 없다면 일부다처형 가정을 유지하기는 불가능하다.

실제로 일부다처가 인정되는 지역이나 사회에서도 복수의 아내를 둔 남성은 10%에 불과하고 이마저도 그 사회에서 가장 부유한 계층의 남성들로 한정된다. 또한 미혼 남성이 아내를 들이는 것보다 이미 아내가 있는 기혼 남성이 새로 아내를 맞을 가능성이 더 높다. 왜냐하면 여성은 금전적으로 여유가 없는 남성보다 아이를 안심하고 키울 수 있는 경제력을 갖춘 남성을 선택하려 하기 때문이다.

요컨대 일부다처제 사회란 한 줌의 '일부다처 생활을 하는 남성'과 그밖에 많은 '평생 미혼인 독신 남성'으로 이뤄지는 '남성 격차 사회'인 셈이다.

여성의 생존과 번식에 유리한 시스템

지금까지 서술한 것처럼 일부다처는 결코 남성에게 파라다이스 같은 제도가 아니다. 예를 들어 고릴라 사회만 봐도 그것은 명백하다. 앞에서 말했듯이 고릴라는 일부다처의 하렘을 만드는데, 수컷끼리의 격렬한 싸움에서 승리한 우두머리 수컷만 암컷을 독점하는 경우가 적지 않다. 패자는 우두머리의 눈길이 닿지 않는 곳에서 암컷과 몰래 관계를 맺는 정도만 허용되며, 그것조차 불가능한 나머지 수컷들은 자손을 남기지 못하고 일생을 마친다.

인간 사회에서 일부일처형 결혼을 의무로 삼지 않거나 일부다처제를 인정하는 것은 경제력이 없는 남성이 유전자를 남기지 못하고 세상을 떠날 가능성을 높이는 결과를 낳는다. 이런 사회는 남성에게 매우 힘든 사회일 것이다.

한편 여성으로서는 일부다처제 사회가 나름대로 유리한 점이 있다. 원래 포유류 암컷은 암컷으로 태어났다는 이유만으로 상당한 위험을 짊어져야 한다. 포유류 암컷이 져야 할 임신, 출산, 육아 부담은 다른 생물에 비해 너무나 무겁기 때문이다. 인간 또한 아이를 낳고 키우는 데 필요한 여성의 시간적·체력적 비용과 부담은 남성에 비해 압도적으로 크다.

포유류의 출산은 목숨을 걸어야 한다. 특히 인간 여성은 임신 중에도 직립 보행을 하기 때문에 임신 기간의 부담이 다른 포유류 암컷보다 크다. 그렇기 때문에 여성이 분만 도중 혹은 산욕産褥 과정에서 목숨을 잃는 비율이 다른 영장류보다 높았던 것이다.

현재의 일본 사회는 의료 기술이 발달하고 의료 종사자들의 성실한 노력에 힘입어서 아기나 산모가 출산 과정에서 죽을 가능성은 낮다. 하지만 산모와 아기 모두 무사히 출산을 이겨 내는 일이 당연하게 된 것은 역사적으로 그리 오래되지 않았다.

이처럼 여성이 떠안아야 하는 큰 위험을 고려하면, 부유한 남성에게 상응하는 비용을 부담시키는 것은 그나마 공평하다. 그렇다면 인류에게는 일부다처가 더 효과적이며 경제 원리에도 맞는다고 볼 수 있다.

인류는 일부일처제에서 이탈할 것인가?

이처럼 인류는 일부일처뿐 아니라 일부다처, 일처다부, 공동혼이라는 형태를 채택해 왔다. 어떤 혼인 형태가 생존에 가장 효과적이냐는 문제인데 반대로 말하면 일부일처제 사회는 어쩌다 우연히 효율적이었던 데 불과하다.

앞에서 기술했듯이 일본에서는 중세 이후 '가부장적 가치관 아래서의 일부일처제'가 정착해 왔다. 그런데 전쟁 후 헌법이나 민법을 개정하면서 가부장적인 요소를 배제한 덕분에 '남녀평등에 입각한 일부일처제'가 뿌리를 내렸다.

일부일처제와 합치되지 않는 처신, 요컨대 불륜은 현대 일본인의 정서로 보았을 때 용납하기 어려운 일탈이다. 그러나 인류뿐 아니라 모든 생물의 혼인 형태는 생존과 번식에 효과적인가 아닌가 하는 요인으로만 결정되어 왔다. 앞으로는 인류를 둘러싼 환경이 변화됨에 따라 혼인 형태도 그 사회에서 가장 효율적인 시스템으로 변해 갈 것이다.

예를 들면 북유럽의 여러 나라는 물질적·제도적으로 풍요로운 사회를 실현했다. 그리고 육아에 필요한 노력과 자금을 개인 혼자서만 짊어지도록 하지 않고 사회 전체가 적극적으로 나눠 부담하는 방식의 제도를 설계했다.

그렇게 육아 환경이 바뀐 북유럽 국가들에서는 혼인 형태도 차츰 변화되었다. 이른바 싱글 맘, 싱글 대디를 비롯해 일부일처 형태가 아닌 가정도 드물지 않다. 혼자서도 육아가 가능하기 때문이다. 게다가 일본 사회에서 흔히 말하는 '한 부모＝가정 붕괴, 빈곤'이라는 구도도 없으며 육아 자금을 마련하려고 기를 쓰고 일할 필요도 없다. 북유럽의 여러 나라 사람들은 일본인보다 훨씬 오랜 시간을 가족과 함께 보낸다.

사회에 경제적·시간적 자원이 윤택한 계층이 일정 비율 이상 존재하게 된다면 생식을 위해 일부일처제에 연연할 필요는 없어질 것이다.

2장에서는 왜 불륜을 하는 사람과 하지 않는 사람이 있는지, 어떤 메커니즘이 인간을 불륜으로 몰아가는지 뇌 과학적 관점에서 살펴보기로 하겠다.

2장.

인류의 절반이 타고난 붉은곰 유전자

정숙 유전자와 불륜 유전자

1장에서 살펴봤듯이, 인류가 일부일처제를 선택한 것은 진화의 큰 흐름 속에서 비교적 최근의 결과로 보인다. 또한 일부일처제를 채택한 까닭도 농경 집단생활을 영위하게 된 인류에게는 그것이 생존과 번식에 가장 효과적이라는 단순한 이유에 불과했다고 보는 게 자연스럽다.

'일부일처는 올바른 결혼' '불륜은 악'이라는 윤리관은 인간 사회에 나중에 생겨난 부록 같은 개념이며 인류가 본래부터 타고난 관념이라고 말하기는 어렵다.

그렇지만 현대는 과도할 만큼 불륜에 대해 비난을 퍼붓는 시대인 것도 사실이다. 그럼에도 불구하고 외도나 불륜이 끊이지 않는 이유는 과연 무엇일까? 또한 배우자 이외에는 눈길조차 주지 않는 강직한 사람이 있는가 하면, 지치지 않고 계속해서 불륜을 거듭하는 사람이 존재하는 이유는 무엇일까?

최근 연구에서 어떤 특정한 유전자의 특수한 돌연변이체를 가진 사람은 그것이 없는 사람에 비해 불륜율, 이혼율,

미혼율이 높다는 것이 밝혀졌다. 또한 그 유전자를 가진 사람은 성적인 행동뿐 아니라 일반적인 행동에서도 차이가 나는데 예를 들면 '타자에 대한 친절함'의 빈도가 낮다는 것이었다.

2015년 3월, 호주 퀸즈랜드대학교의 심리학 교수 브랜든 지트쉬는 유전학자, 신경학자와 함께 7378명을 대상으로 DNA와 라이프 스타일에 관해 조사한 논문을 발표했다. 이 논문에 따르면, 조사 대상 모집단 중 과거 1년 이내에 특정 파트너 이외의 상대와 성관계를 맺은 사람은 남성이 9.8%, 여성이 6.4%였다.

그래서 그 사람들의 유전자를 조사해 보니, 특히 여성에게서 '특정한 유전자'를 가진 비율이 모집단 평균보다 높았다. 그렇게 이 특정한 유전자가 불륜을 관장하는 '불륜 유전자'일 가능성이 제기되었다.

불륜 유전자의 정체를 밝히려는 또 다른 시도로 1장에서 소개한 프레리들쥐 실험이 있다. 프레리들쥐가 완고한 일부일처형을 유지하는 '정숙'한 동물이라는 것은 앞에서 서술한 바와 같다. 그러나 그와 유사한 종인 산악들쥐나 목초지들쥐는 다부다처형 번식 행동을 택하며 '문란'하다. 암수 모두 많은 이성과 교미하기 때문이다.

그들은 생김새가 매우 비슷한데도 불구하고 성 행동에서는 왜 그런 차이가 생겨났을까? 그 성 행동의 차이를 결정하는 요소로 특정 뇌내 물질과 그 수용성을 좌우하는 유전자의 존재가 부각되었다.

일부일처형 호르몬의 비밀

1993년, 과학 학술지 《네이처》에 흥미로운 실험 결과가 실렸다. 미국 국립위생연구소의 연구원인 제임스 윈즐로, 수 카터, 토머스 인셀 연구 팀이 프레리들쥐를 이용한 실험을 통해 뇌내 호르몬의 일종인 '바소프레신'이라는 물질이 포유류의 일부일처형 성적 행동에 관여한다고 발표한 것이다.

바소프레신은 여러 아미노산이 결합된 펩티드 호르몬의 일종으로 뇌의 시상하부에서 합성되어 뇌하수체 후엽에서 분비된다. 인간을 포함한 대부분의 동물에게는 아르기닌 바소프레신이라는 형태로 존재하는데, 바소프레신에 아르기닌이라는 아미노산이 붙은 것이다.

바소프레신은 항이뇨 호르몬이라고도 불리는데 이뇨 작용을 막는 물질이며 체내 수분의 유출을 저지하는 기능을 한다. 또한 혈관을 수축시켜서 혈압을 상승시키는 역할도 한다.

바소프레신의 화학 구조는 '옥시토신'이라는 뇌내 물질과 매우 유사하다. 바소프레신과 옥시토신 모두 9개의 아미노산으로 구성되어 있는데 그중 2개의 아미노산 종류만 다르다. 그리고 옥시토신 역시 뇌의 시상하부에서 합성되어 뇌하수체 후엽에서 분비된다.

'행복 호르몬'이라고도 불리는 옥시토신은 연인이나 부모 자식 간에 일체감을 불러일으켜 불안을 줄이고 긴장을 풀어 주는 작용을 한다. 한편 바소프레신은 상대에 대한 친절함이나 성적 감정이 생기는 데 관계가 있다. 또한 남성에게는 가족을 지키도록 동기나 책임감을 불러일으키는 작용도 한다.

프레리들쥐가 교미에 한창 몰입할 때 수컷의 뇌에서는 아

옥시토신

바소프레신

▐ 바소프레신과 옥시토신은 모두 9개의 아미노산으로 구성되는데 그중 2개만이 다르다.

르기닌 바소프레신이 분비된다. 그러면 수컷은 교미 후에 그 암컷이 아니면 관계하지 않고, 낯선 개체가 다가오면 공격한다. 다시 말해 일부일처형을 유지하기 위한 행동을 취하는 것이다.

그리고 수컷 프레리들쥐의 뇌에 인위적으로 아르기닌 바소프레신을 주입하거나 저해하는 실험도 있었다. 이를 통해 바소프레신의 영향으로 프레리들쥐의 성 행동이 변화한다는 사실이 증명되었다.

더 나아가 오리건보건과학대학교의 마리암 오코바 연구 팀은 일부일처형 프레리들쥐와 난혼을 하는 산악들쥐의 'AVPR_{Arginine vasopressin receptor}'의 밀도가 다르다는 사실을 밝혀냈다. AVPR은 아르기닌 바소프레신의 수용체인데, 수용체는 외부에서 들어온 물질이나 자극을 정보로 변환시켜 세포에 전달하는 역할을 한다.

이 연구에 따르면 프레리들쥐가 산악들쥐보다 AVPR 밀도가 더 높은 것으로 밝혀졌다. AVPR 밀도가 높은 쪽이 보다 많은 아르기닌 바소프레신을 수용할 수 있는 것이다. 요컨대 뇌가 아르기닌 바소프레신을 얼마나 많이 분비하느냐

일부일처형과 난혼형을 결정하는 것은 무엇인가?

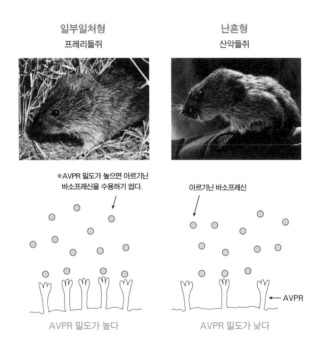

일부일처형	난혼형
프레리들쥐	산악들쥐

※AVPR 밀도가 높으면 아르기닌 바소프레신을 수용하기 쉽다.

아르기닌 바소프레신

AVPR

AVPR 밀도가 높다

AVPR 밀도가 낮다

가 아니라 얼마나 많이 수용하느냐에 따라 일부일처와 난혼으로 갈린다는 사실이 밝혀진 셈이다.

1999년, 미국 에머리대학교 의학부 교수이자 신경과학 분야의 권위자인 래리 영 교수는 자신의 연구 팀과 함께

《네이처》에 논문을 발표했다. 이 논문은 AVPR 생성과 관련된 유전자 'AVPR1A'를 조작함으로써 본래는 난혼형인 산악들쥐나 목초지들쥐를 일부일처형으로 만들 수 있음을 명확하게 밝혔다.

또한 프레리들쥐는 지금까지 일부일처형이라고 알려져 왔지만 실은 수컷 중에서도 개체차가 있다는 것을 알아냈다. 야생 프레리들쥐 수컷 중 약 60%만이 평생 1마리의 암컷과 짝을 맺고 완고하게 일부일처를 고수할 뿐, 나머지 40%는 다른 암컷과도 짝을 맺는 것이다. 그런데 이 차이 또한 AVPR1A 유전자와 관련이 있다고 밝혔다. 하지만 암컷 프레리들쥐들에게서는 AVPR1A의 차이에 따른 변화가 확인되지 않았다.

인간과 유사한 보노보의 성적 경향

앞에서 소개한 에머리대학교 의학부의 래리 영 교수와 조이 도널드슨 박사는 침팬지의 AVPR1A 유전자를 조사했다.

인간의 유전자에는 'RS3 repetitive sequence 3'라는 반복 서열이 존재하는데 조사한 침팬지의 절반에게서는 전혀 발견할 수 없었지만 나머지 절반에게서는 인간의 것과 매우 유사한 RS3 영역을 발견한 것이다.

반복 서열이란 유전자 속에서 동일한 염기 순서가 반복되는 배열을 가리킨다. 그런데 이 반복되는 횟수가 많을수록 그 유전자가 가진 경향이 강해진다고 알려져 있다.

에머리대학교의 부속 연구 기관인 여키스 국립영장류연구센터의 신경생물학실장 윌리엄 홉킨스 박사는 RS3 영역의 길이에 따라서 침팬지의 개체 간에 지배력이나 성실성 차이가 생긴다는 사실을 확인했다. 짧은 형의 RS3 영역을 가진 침팬지 그룹과 긴 형을 가진 침팬지 그룹을 비교했더니, 긴 형을 가진 그룹이 짧은 형의 그룹보다 자비심과 이타심이 더 많았던 것이다.

또한 미국 밴더빌트대학교의 엘리자베스 해먹은 보노보의 AVPR1A 유전자를 조사했는데 반복 영역이 인간과 거의 같다는 사실을 확인했다. 즉 AVPR1A 유전자의 이러한 차이가 침팬지와 보노보의 번식 행동 차이를 낳은 것으로

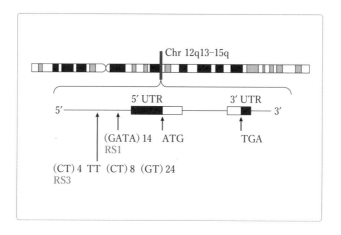

▌AVPR1A 유전자의 RS3 영역

추측된다. 그리고 AVPR1A 유전자만 놓고 보면 보노보는 침팬지보다 '인간에 가까운' 성적 경향을 가진 생물로 추측된다.

실제로 일부 침팬지는 암컷에게 폭력을 행사하거나 성적인 희롱을 하고 심지어 새끼도 죽인다. 이에 반해 보노보는 폭력성이 낮고 섹스를 이성·동성 불문하여 친교를 돈독히 하는 수단으로 활용한다. 이것은 인간의 성적 지향과 비슷한 부분이라고 말할 수 있다.

성적 자극에 민감해지는 호르몬의 영향

바소프레신은 들쥐류 같은 동물뿐 아니라 인간의 성 행동에도 영향을 미친다. 호주 시드니대학교 의학부 뇌정신센터의 애덤 가스텔라 교수는 2011년 학술지에 다음과 같은 실험 결과를 발표했다.

먼저 인간 남성에게 아르기닌 바소프레신을 투여한다. 바소프레신이 들어 있는 스프레이를 코에 뿌려 흡입시킨 것이다. 그리고 45분 후 여러 단어들을 피험자 남성들에게 보여주고 반응을 살폈다.

그 결과 아르기닌 바소프레신을 투여한 남성들은 여러 단어들 중에서 섹스와 관련된 단어를 보다 빨리 찾아내는 경향이 있음을 알게 되었다. 아르기닌 바소프레신이 성적 자극에 대한 인식을 강화시키는 것으로 판명된 것이다.

바소프레신은 인간 남성의 경계심과 공격성은 물론이고 발기와 사정에도 영향을 미친다는 것이 밝혀졌다. 바소프레신은 안드로겐(남성 호르몬)과 관계가 있다. 요컨대 남성은 여성보다 바소프레신에 민감한 것이다.

한편, 여성의 경우 에스트로겐(여성 호르몬)이 옥시토신 수용성을 높인다는 것을 알아냈다. 1979년, 노스캐롤라이나 대학교의 정신의학자 코트 페데르센이 발정기의 암컷 쥐를 대상으로 실시한 실험에서 에스트로겐이 옥시토신 수용체의 밀도를 높이는 것을 확인했다.

2명 중 1명은 불륜형 유전자를 가졌다

앞에서 설명한 것처럼 들쥐류의 경우 아르기닌 바소프레신의 수용체인 AVPR의 밀도가 어느 정도냐에 따라 성 행동이 달라진다. 그러나 인간은 AVPR 밀도가 아니라 AVPR1A 유전자의 '단일 염기 다형성Single Nucleotide Polymorphism. SNP'에 의해 '정숙형'과 '불륜형'으로 나뉜다는 것을 알게 되었다.

단일 염기 다형성이라는 낯선 용어에서 '다형多型'이란 인류에게 1% 이상의 빈도로 존재하는 유전자 변이를 가리킨다. 아주 대략적으로 설명하자면 같은 생물종 안에서도 이

유전자 변이의 유무에 따라 각 개체 간 차이가 1% 이상 발생하는 것이다. 가장 대표적인 사례가 알코올 분해 효소의 유무다. 술고래가 되느냐 술을 전혀 못 마시는 사람이 되느냐는 알코올 분해 효소 유전자에 존재하는 단일 염기 다형성에 의해 선천적으로 결정되는 것이다.

또한 표현을 '불륜형'이라고 했지만 남성의 경우 불륜율뿐 아니라 이혼율과 미혼율도 높아진다는 사실이 보고되었다. 여성의 경우 불륜율은 높지만 이혼율과 미혼율은 그 정도로 높아지지는 않았다. 이런 차이는 남녀가 이혼을 했을 때 부담해야 할 사회적 비용이 서로 다르기 때문에 발생한다고 볼 수 있다. 요컨대 불륜형을 정확하게 말한다면 '본질적으로 일부일처제 결혼에 적합하지 않은 성향'이라고 표현하는 게 나을 것이다.

남녀 상관없이 불륜형에게 나타나는 특징적인 행동이 하나 있다. 그것은 '파트너에 대한 불만'이 크다는 점이다. 또한 연애뿐 아니라 평상시에도 '타자에 대한 친절한 행동'의 빈도가 적다. 다시 말해 이기적인 타입인 것이다.

불륜형과 정숙형의 비율은 연구에 따라 차이가 있지만

대략 반반일 것으로 추측된다. 요컨대 당신 주위의 2명 중 1명은 본질적으로 일부일처제 결혼과 맞지 않다는 것을 의미한다.

불륜형이 현재에도 상당한 비율로 존재한다는 점을 고려하면 어떤 의미에서 불륜형이 번식에 더 유리한 측면도 있었을 거라고 추측할 수 있다. 환경에 따라서는 많은 파트너와 교미하는 것이 유전자를 남기기 더 유리했을 테니 말이다.

인류의 긴 역사를 고려하면 현재의 윤리관만으로 '불륜은 악'이라고 단죄하는 것은 별 의미가 없다. 그뿐인가, 선천적으로 머리색이 옅은 사람에게 "네 머리색이 갈색인 건 무례해! 당장 검은색으로 염색해"라고 강제하는 셈이니 경우에 따라서는 차별이나 우생학적 사상(유전적으로 열등한 것은 제거하고 좋은 유전 형질만 보존해 자손의 자질을 향상시키려는 사상—옮긴이)으로 이어질 수 있다.

우리는 '본래 일부일처제와는 맞지 않는 성향의 사람이 절반가량 존재한다'는 사실을 받아들인 후 세상사를 고찰해야 할 것이다.

독재자 게임으로 알아보는 바람기

2008년 이스라엘 히브리대학교의 심리학부 연구 팀은 '독재자 게임'을 이용한 연구를 통해 흥미로운 결과를 발표했다. 독재자 게임이란 뇌 과학이나 심리학 분야에서 자주 활용되는 실험 중 하나로 한정된 자원을 타자와 어떻게 나누는지 그 행동을 살핌으로써 그 사람의 성격적 경향을 가늠하는 것이다.

예를 들면 여기에 1만 엔이 있다고 가정해 보자. 당신은 그것을 A씨와 나눠 가져야 하는데 어떻게 나눌 것인지는 당신이 독단적으로 결정할 수 있고 A씨는 당신이 결정한 분배율에 이의를 제기할 수 없다. 이 실험을 하면 1만 엔을 전부 자신이 가지는 사람부터 정확하게 반반으로 나누는 사람, 상대에게 전부 주는 사람까지 다양한 행동 패턴이 나타난다.

히브리대학교 심리학부 연구 팀은 AVPR1A 유전자의 RS3 영역이 짧은 형을 가진 사람들과 긴 형을 가진 사람들에게 각각 이 실험을 실시했다. 그러자 긴 형을 가진 그룹이 짧은 형의 그룹보다 타자에 대한 자비심, 이타심 경향이 높은 것으로 나타났다. 또한 같은 연구 팀이 인간의 뇌를 조사한 결과 RS3 영역이 긴 형의 사람들은 짧은 사람들보다 바소프레신 수용체를 더 많이 가진 것을 발견했다.

이것은 인간을 대상으로 한 연구 결과도 앞서 소개한 침팬지와 보노보 연구 결과와 같다는 의미다. 결국 RS3 영역이 긴 형의 사람들은 불륜을 저지를 확률이 낮다고 추측할 수 있다.

또한 2012년, 스웨덴 카롤린스카연구소 의료역학·생물통계학부의 행동유전학자 하세 월럼 박사는 최소 5년 이상 이성애 관계를 유지해 온 남성 552명의 AVPR1A 유전자에서 'RS3 334'라는 변이 부분을 발견했다.

그런데 이 RS3 334라는 대립 유전자allele를 2개 가진 남성(양쪽 부모로부터 RS3 334를 이어받은 남성)은 1개만 가졌거나 혹은 하나도 없는 남성(한쪽 부모에게만 RS3 334를 이어받았거나 부모 어느 쪽에서도 이어받지 않은 남성)에 비해 1년 이내에 이혼할 위험이 5% 높았다.

일탈을 부추기는 대립 유전자 334

고등학교 생물 수업에서도 배우는 대립 유전자에 관해 간단히 설명하겠다. 인간을 비롯한 대부분의 생물은 아버지와 어머니, 쌍방으로부터 받은 염색체(2개)를 가지고 태어난다. 그러나 눈의 모양이든 바소프레신 수용체의 수든 특정한 부분에서 부모 양쪽의 특징을 반반씩 섞은 것처럼 발현되지는 않는다. 어느 한쪽의 부모를 좀 더 닮기 마련인 것이다.

유전자가 작용하는 방식에는 강약이 있는데, 강하게 나타나는 쪽을 우성 유전자, 감춰지는 쪽을 열성 유전자라고

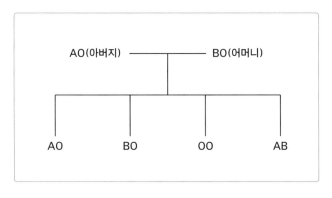

▌ 대립 유전자의 구조(예: ABO식 혈액형의 결정 요인)

한다. 이때 'A'를 우성, 'a'를 열성이라고 하자. 아버지가 AA, 어머니도 AA를 가지고 있으면 자식도 AA(대립 유전자를 2개 갖는다)가 된다. 또는 아버지가 AA, 어머니가 aa라면 자식은 Aa(대립 유전자를 1개 갖는다)가 된다.

예를 들어 눈의 모양을 결정할 경우 눈이라는 하나의 부위를 둘러싸고 아버지 쪽 유전자와 어머니 쪽 유전자, 또는 우성과 열성 유전자가 마치 그 자리를 놓고 경쟁하고 다투는 것처럼 보여서 '대립 유전자'라는 이름이 붙은 것이다(물론 부모 양쪽이 같은 대립 유전자를 가진 경우도 있으므로 '대립'이라는 명칭은 적합하지 않다는 지적도 있다. 또한 현재 일본유전학회에서는 편견을 야기할 수 있다는 이유로 '우성, 열성' 대신 '현성顯性, 잠성潛性'이라는 용어를 쓰기로 개정했다. 하지만 이 책에서는 예전 용어가 더 익숙한 사람들이 많다는 점을 고려해 일부러 '우성, 열성'이라고 표기한다).

다시 본래 이야기로 돌아가서, 대립 유전자 334를 1개 또는 2개 가진 남성과 결혼한 여성은 하나도 없는 남성과 결혼한 여성에 비해 결혼 생활 만족도 평균치가 낮다는 사실이 밝혀졌다.

그뿐만이 아니다. 인간의 결혼이나 외도에 대립 유전자 334가 직접적으로 관여한다는 것을 암시하는 연구 결과가 있다. 2008년, 스웨덴 카롤린스카연구소의 하세 월럼 박사 팀이 수백 쌍의 쌍둥이와 그들의 배우자, 연인들을 대상으로 유전형을 조사하고 성격 분석 테스트를 시행했으며 각 파트너와의 관계도 조사하였다.

그 결과 남성의 경우 대립 유전자 334를 가진 남성일수록 외도율과 미혼율이 높고 타인에게 친절한 행동을 별로 하지 않는 경향을 보였다.

예를 들어 대립 유전자 334가 없는 남성은 조사 전년도에 부부간 위기를 경험한 비율이 15%였지만, 대립 유전자 334를 2개 가진 남성들을 조사했더니 34%까지 치솟았다. 마찬가지로 대립 유전자 334가 없는 남성의 미혼율은 17%였지만 2개를 가진 남성은 32%였다.

불륜 행동이 유전자의 영향에서 비롯된다는 것을 암시하는 연구 결과는 이뿐만이 아니다. 핀란드에서 7400명의 쌍둥이를 대상으로 실시한 유전자 연구 프로젝트에서는 바소프레신 수용체 변이 유전자를 가진 여성의 외도율이 극단적으로 높다는 사실도 밝혀졌다. 또한 남성들과 달리 불륜율이 이혼율보다 높았다.

여성의 불륜율이 이혼율보다 높은 이유는 앞에서 언급한 것처럼 이혼에 따른 사회적 비용의 차이에서 비롯된 것으로 보인다. 일반적으로 이혼을 하게 되면 여성의 경제적 손실이 더 크다. 그래서 불륜을 할지언정 혹은 그 불륜이 들키더라도 쉽게 이혼 결단을 내리지 못하는 것이다. 또는 불륜을 저지른 아내를 둔 남편 입장에서 '아내의 부정 때문에 이혼했다'고 말하는 게 체면이 서지 않아서 어쩔 수 없이 결혼생활을 계속할 수도 있다. 어쨌든 다양한 요인을 추측해 볼 수 있다.

커뮤니케이션 능력과 불륜의 관계

바소프레신 수용체 외에도 불륜 행동에 영향을 미치는 유전자가 존재한다. 앞에서 소개한 하세 윌럼 박사 연구 팀은 2011년, 쌍둥이를 대상으로 대규모 조사를 진행하여 그 결과에 대한 연구 논문을 발표했다. 이 논문에 따르면 옥시토신 수용체 유전자의 단일 염기 다형성인 'rs7632287'을 가진 여성들은 '배우자에 대한 애정이 적다, 부부간 위기가 자주 발생했다, 소녀 시절 인간관계에서 남들보다 마찰이 더 많았다' 등 커뮤니케이션에 어려움을 겪은 것으로 파악되었다. 이를 통해 'rs7632287'과 소통 능력 사이에 상관관계가 있음이 발견되었다.

행복 호르몬이라고도 불리는 옥시토신이 사람 사이에 애정을 형성하는 데 깊이 관여한다는 사실은 잘 알려져 있다. 또한 사회적 인지 능력에도 관계가 깊다. 사회적 인지 능력은 전에 만났던 적이 있는 사람을 인식하는 능력과 연관이 있으며 관계 형성 속도를 높여 준다. 이를 바탕으로 한 개체를 다른 개체보다 더 좋아하게 만들어서 유대와 애착을 형성시킨다.

이 옥시토신의 수용 정도는 단일 염기 다형성 'rs7632287'이 다수파냐 소수파냐에 따라 달라진다. 이것은 유전자형이 현실적으로 인간관계에 영향을 줄 가능성이 있다는 의미다. 또한 이 연구 팀은 남성의 경우에는 'rs7632287'의 유무가 별다른 영향을 주지 않는 것으로 파악했다.

　그러나 불륜형 유전자를 가졌다고 해서 그 여성이 반드시 '음란한 외도녀'라고 할 수는 없다. 하지만 1명의 상대와 오랫동안 인간관계를 유지하기는 어려운 경향을 갖고 있기 때문에 상대적으로 불륜에 빠질 가능성이 높다고 말할 수는 있겠다.

도파민이 호기심과 모험심을 자극한다

불륜에는 도파민도 영향을 미친다. 도파민은 분노나 두려움 같은 뇌의 원시적인 충동과 관련된 보상 회로에 작용해서 쾌락을 불러일으키고 의욕을 높여 주는 신경 전달 물질인데 특히 사랑이나 연애를 할 때 대량으로 분비된다.

　2010년 뉴욕주립대학교 빙엄턴캠퍼스와 조지아대학교의 연구 팀은 인간 성격의 개인차와 D4 수용체(인간의 전전두피질에 많이 존재하는 도파민 수용체) 유전자인 'DRD4'의 반복 서열을 비교하여 그 관계를 조사했다. 반복 서열은 앞에서 설명한 것처럼 기본적으로 반복이 많을수록 그 경향이 강해진다. 쉽게 말하자면 개인에 따른 도파민 수용체 차이를 결정하는 요인이 무엇인지 조사했다는 것이다.

조사 결과, 7회 이상 반복 서열(7R+)을 포함하는 대립 유전자를 1개 또는 2개 가진 사람들은 도파민 수용체의 분포나 보상 회로, 전전두피질에 작용하는 정도에서 차이가 있음이 밝혀졌다. 보상 회로는 인간이나 동물의 뇌에서 욕구가 채워졌거나 만족되었을 때 활성화되어 행복과 즐거움을 주는 신경계를 말한다. 그리고 전전두피질은 사고나 창조성, 이성적인 인지와 관련된 인간다운 판단을 담당하는 부분이다.

7R+ 배열의 대립 유전자를 가진 사람들은 모험, 흥미, 신비, 자극을 추구하는 경향이 있다. 또한 주의력 결핍 과잉행동 장애ADHD가 많은 것도 특징이다. 나아가 이 연구 팀이 181명의 젊은이를 대상으로 조사를 실시한 결과, 7R+ 배열의 대립 유전자를 1개 또는 2개 가진 사람들에게는 없는 사람보다 섹스를 동반한 외도 사례가 50% 많다는 사실도 밝혀졌다. 성관계가 문란한 사람의 비율은 7R+ 배열의

DRD4 염기 배열의 반복 횟수에 따른 자극 선호도 차이

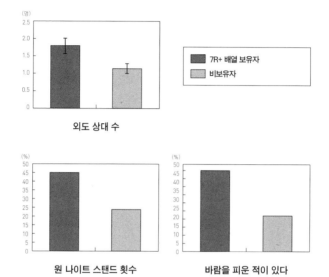

* JR Garcia et al.(2010) Associations between Dopamine D4 Receptor Gene Variation with Both Infidelity and Sexual Promiscuity, PLoS One.

* 이 보고는 뉴욕주립대학교 빙엄턴캠퍼스 연구 팀의 자료에 의거함. DRD4 유전자의 엑손(진핵생물의 유전자 가운데 단백질 산물을 만들어 내는 부분—옮긴이) III에 포함된 반복 서열VNTR은 남성의 불성실함infidelity이나 성적 문란함sexual promiscuity과 관련이 있다. 연구자들은 연구의 목적을 숨긴 채 181명의 젊은이(평균 연령 20세, 118명의 여성과 63명의 남성)에게 과거 성 경험에 관한 설문 조사를 실시했다. 또 볼 안쪽 조직을 채취하여 DRD4 유전자를 검사하여 7R+ 배열이 있는 사람과 없는 사람을 비교했다. 그 결과, 7R+ 배열이 있는 사람들 중 원 나이트 스탠드 경험이 있는 사람의 비율은 45%, 7R+ 배열이 없는 사람들 중 원 나이트 스탠드를 경험한 비율은 24%였다. 또한 외도 비율은 7R+ 배열 보유자가 50%였지만 7R+ 배열이 없는 사람은 22%로 바람을 피운 사람의 수에서도 차이를 보였다. 인종 간 차이에 대한 내용은 아래 웹 페이지에서 상세하게 살펴볼 수 있다.

http://journal.frontiersin.org/article/10.3389/fnhum.2013.00195/full

대립 유전자가 없는 사람에 비해 2배 이상 높았으며, 외도를 했다고 답한 보유자는 외도를 한 비보유자보다 만난 이성의 수가 많다는 것도 판명되었다. 따라서 도파민 수용체 유전자도 외도나 불륜과 관련이 있다고 말할 수 있다.

하룻밤 실수를 저지르는 뇌 과학적 이유

도파민 수용체 유전자에는 D4 수용체 외에 D2 수용체의 작용도 관계가 있음을 일부일처형 프레리들쥐를 이용한 실험에서 확인할 수 있다.

프레리들쥐의 수컷과 암컷을 함께 두고 언제든지 교미할 수 있게 해 주면 수컷은 대부분의 시간을 스스로 선택한 암컷과 보내게 된다. 그런데 수컷과 암컷이 함께 있는 시간을 몇 시간으로 제한하고 게다가 그동안 교미를 할 수 없게 만들면, 수컷은 그 암컷에게 애착을 품지 않는다. 이것이 프레리들쥐의 기본 성질이다.

그렇지만 수컷 뇌의 측좌핵(보상, 쾌감, 중독, 공포 발생에 중요한 역할을 담당하는 것으로 여겨지는 부위)에 D2 수용체를 활성화하는 약물을 주사하면 수컷은 교미 없이도 암컷에게 강한 애착을 보인다.

반대로 D2 수용체 작용을 막는 주사를 놓으면 교미가 가능한 상태로 하루 종일 함께 있었던 암컷에게도 애착 형성이 일어나지 않는다. 다시 말해 수컷이 암컷에게 애착을 품는 초기 단계에서 D2 수용체의 활성화가 필요하다는 뜻이다.

이는 인류에게도 마찬가지일 것으로 추측된다. 다시 말해 D2 수용체가 활성화되지 않은 사람은 타인과의 애착 형성이 어렵고 결과적으로 일부일처에 적합하지 않은 성 행동을 취하게 된다는 것이다.

그밖에도 성 행동에 영향을 미치는 것으로 보이는 요인은 더 있다. 예를 들면 안와전두피질이나 복내측 전전두피질이라는 뇌 부위의 기능이 떨어지는 사람은 성적으로 활발해지기 쉽다고 말할 수 있다.

소위 '사이코패스'라고 불리는 사람들은 성적으로 분방한 면이 많은데, 이것은 안와전두피질이 담당하는 사회적 배제(규칙을 깬 인간에 대한 무시나 차별, 집단으로부터의 추방)에 대한 감도가 일반인보다 둔한 경향과 관계가 있다. 또한 복내측 전전두피질은 윤리관이나 상식적인 선악 판단을 담당하는 부분인데 이 부분의 기능이 약해지면 사회성이 결여된 행동을 저지르기 쉽다.

　안와전두피질과 복내측 전전두피질의 기능 약화는 유전만이 아니라 알코올 같은 후천적 요인에 의해서도 영향을 받는다. 그래서 '술김에 저지른 하룻밤 실수'가 발생하는 것이다.

까마득한 진화 과정을 거친 불륜 유전자

이런 연구 결과로부터 알 수 있는 것은 태생부터 일부일처제와 맞지 않는 사람이 존재한다는 점이다. 이는 엄연한 과학적 사실이며, 최소한 '남편 외도의 원인은 아내의 성격이나 행동에 있다'는 식의 논리보다 훨씬 정당하다. 어떤 사람의 행동이 일부일처제의 가치관과 합치하느냐 아니냐는 본인의 의지나 노력도 중요하지만 유전자와 뇌 구조로 결정되는 부분도 크다.

유전자의 염기 배열은 수세기 만에 급속하게 변화하는 것이 아니라, 아주 오랜 시간에 걸쳐 서서히 변화한다. 수리 사회학에서는 유전적 다형이 일어나는 속도, 즉 더 적응도가 높은 유전자형으로 변이되는 속도를 '1세대에 1%' 정도로 가정한다.

예를 들면 세로토닌이라는 뇌내 신경 전달 물질이 있는데 이것은 생체 리듬, 신경내분비, 수면, 체온 조절 등 다양한 기능에 관여하는 중요한 물질이다. 또 세로토닌은 호기심처럼 신기한 것에 대한 적극성을 불러일으킨다. 그래서 세로토닌이 결핍되면 어떤 일에서든 적극성이 사라지고 우울증, 식욕과 성욕 감퇴가 발생한다는 사실이 밝혀졌다.

체내의 세로토닌 양은 '세로토닌 수송체'라는 단백질이 조정한다. 세로토닌 수송체는 신경 세포에서 분비된 세로토닌을 다시 세포가 재흡수하도록 만드는 작용을 한다. 이 세로토닌 수송체의 기능을 결정하는 유전자는 'S형(짧은 형)'과 'L형(긴 형)' 2종류가 있다.

그중 부모 양쪽에게 L형 유전자를 물려받은 사람(LL형)

은 체내 세로토닌이 쉽게 감소하지 않으며 그로 인해 낙관적이고 야심적인 성격이 된다. 한편 S형 유전자를 2개 가진 사람(SS형)은 세로토닌이 감소하기 쉽기 때문에 불안을 많이 느끼는 성격이 된다.

미국인 중에서는 LL형이 약 30%로 가장 많고, SS형은 18%로 가장 적다. 한편 일본인은 SS형이 약 65%로 가장 많고, LL형은 3%를 밑돌며 가장 적다. 이 차이가 바로 미국인과 일본인의 국민성 차이로 이어진다. 특히 새로운 분야에 대한 도전 정신에서 차이가 날 가능성이 높다.

적응도의 차이를 1%라고 가정할 때 약 40%의 차이가 발생하기 위해서는 최소 몇 세대가 지나야 할까? 산술적으로 계산하면 20세대가 지나야 한다. 1세대를 20년으로만 잡아도 총 400년이 걸린다. 게다가 이 기간은 이론상 최단 기간이므로 실제로는 이보다 훨씬 오래 걸릴 것이 틀림없다.

생물로서의 기본 구조는 현대인과 고대인을 비교해도 거의 다르지 않을 것으로 보인다(뇌에서 분비되는 물질이나 수용체 밀도에서 약간의 차이는 있을지 모르지만).

앞에서 서술한 것처럼 인류가 일부일처제를 채택한 것은

농경과 집단생활을 시작하게 된 이후이며, 인류사적으로 살펴보면 비교적 최근의 일이다. 또한 '일부일처는 선' '난혼과 불륜은 악'이라는 윤리관이 퍼지게 된 것도 그 후의 일이다. 다시 한 번 언급하지만 지금도 일부일처제 이외의 혼인 형태를 인정하는 사회는 존재한다.

인류의 역사 속에서 AVPR1A, 옥시토신, 도파민 유전자가 불륜형인 사람이 오히려 번식에 유리한 상황이 적지 않았을 것이다. 불특정 다수와 성교를 하는 게 번식에 더 유리하거나 혹은 많은 이성과 성교를 맺어 자손을 남기는 것이 옳은 일로 여겨졌던 시대도 있었을 거란 상상을 쉽게 해볼 수 있다. 우리가 가진 불륜 유전자는 그 흔적인 것이다.

생물의 진화가 윤리관의 변화를 못 따라간다

한편, 우리의 윤리적 가치관은 종교적 관념의 발달에 따라 불과 수백 년의 기간 동안 급속하게 변화되었다. 예를 들면 17세기에 신천지를 찾아 미국으로 건너간 청교도들 사이에는 간통한 사람을 채찍으로 때리는 형벌이 있었는데 심지어 숨이 끊어질 때까지 때리기도 했다. 이슬람 문화권은 일부 일처제가 아니지만 그래도 간통한 사람에게 잔혹한 극형을 내린다.

그러나 제아무리 엄격한 종교적 계율도, 사형이라는 궁극의 형벌조차도 불륜을 완전히 없애지는 못한다. 국민의 약 70%가 이슬람교도인 카자흐스탄에서조차 1999년 조사에서 결혼 또는 동거하는 남성의 1.6%, 여성의 0.9%가 '최근 1년 동안 복수의 섹스 파트너가 있었다'고 답변했다. 국민의 절반이 이슬람교도인 나이지리아에서 2003년에 실시한 조사에서도 남성의 15.2%, 여성의 0.6%가 같은 답변을 했다. 더 나아가 불륜 유전자를 가진 사람끼리 맺어지기 쉽다는 연구 결과도 있다.

불륜과 인류 진화의 관계는 당뇨병 같은 성인병과 인류 진화의 관계와 매우 유사하다. 일찍이 인류의 선조가 수렵 채집에 의존하고 있었을 무렵에는 거듭되는 기아에 시달렸다. 수천 년 전부터 농경과 목축이 발달해서 인류의 영양 상태가 비약적으로 개선되었지만 그럼에도 불구하고 가뭄,

병충해 등으로 인한 기근의 습격을 수없이 받았다.

일본의 경우만 봐도 지금처럼 하루 세끼를 먹을 수 있게 된 것은 쇼와 시대(1926~1989년)가 끝날 무렵부터 헤이세이 시대(1989~2019년)에 걸친 거품 경제 시기 이후다. 일본의 식탁은 불과 30여 년 사이에 크게 변모한 것이다.

그러나 인간의 신체 기능은 기아 상태에 시달리던 시절과 그다지 달라지지 않았다. 먹을 것이 부족하지 않은 현재에도 인간의 뇌는 기아가 빈번했던 무렵의 습성이 남아서 영양가 높은 음식을 발견하면 최대한 먹어 치우라는 명령을 내린다.

한편 소화 기능이나 순환기 등은 당시의 설계 그대로 남아 있어서 영양가 높은 음식을 먹으면 처리 능력이 초과된다. 그로 인해 성인병이 발생하는 것이라고 할 수 있다.

불륜 유전자는 오히려 우리의 생존에 필요했기 때문에 도태되지 않고 현재까지 살아남은 것이다. '외도나 불륜은 안 된다, 양다리는 당치 않다'고 공격을 퍼붓는 사람들은 자신의 뇌 속에 '나는 정의를 집행한다'는 쾌감을 불러일으키는 것 이상의 효과는 없다. 불륜을 하는 사람이 끊이지 않는 이유는 그 사람의 인격이나 도덕이 타락해서가 아니라, 우리가 선조로부터 물려받은 유전자가 조금이나마 효율적으로 번식하도록 우리를 몰아세우기 때문이다. 다만 이러한 성 행동이 오늘날의 윤리관에서 허용되지 않을 뿐이다.

3장에서는 유전자 요인 이외에 불륜 행동을 좌우하는 것에 대해 살펴보자.

3장.

당신의 애착 유형이 블루투스 스위치를 켜고 끈다

불륜에 영향을 미치는 후천적 요인

한 인간의 불륜 기질 혹은 불륜 방법이나 불륜 목적에 영향
을 주는 요인 중 하나로 '애착 유형'이 있다. 우선 애착 이론
Attachment theory이 무엇인지 간략하게 알아보자.

애착 이론은 1980년대에 영국의 정신과 의사 존 볼비와
미국의 발달심리학자 메리 에인스워스 등에 의해 확립된 이
론으로, 인간의 애착 유형(내적 작동 모델)에는 '안정형, 회피
형(거절형), 불안형' 3가지가 있다고 한다.

애착 유형 또는 내적 작동 모델은 그 사람이 인간관계를
맺어 가는 데 있어서 바탕이 되는 인지 양식이다. 달리 말하
면 '그 사람이 매사를 어떤 식으로 판단하는가'에 대한 유형
이다. 사람은 사물을 보는 방식이나 타자라는 존재를 인지
하는 가치관에 따라 타자를 대하는 행동도 달라지기 때문
이다.

안정형 사람은 말 그대로 타자와 솔직한 관계 구축을 잘
하는 경향이 있다. 한편 회피형 사람은 타자와 깊은 관계를
맺는 것에 소극적이다. 또한 불안형 사람은 타자에 대한 과

도한 기대와 의존, 그에 상반되는 실망, 상실의 불안을 품는 경향이 있다.

애착 유형을 형성하는 가장 큰 요인은 유아기 때 특정 인물과의 애착 형성이다. 기본적으로 모자간의 접촉이 중요하며 모자가 서로에게 애정을 느끼는 것이 바람직하다. 이때 어머니가 반드시 생물학적 친모일 필요는 없다. 양어머니나 유모, 또는 애정과 헌신을 바탕으로 오랫동안 접할 수 있는 사람이라면 남성이라도 상관없다. 하지만 이 책에서는 편의상 '어머니' 또는 '부모'라고 지칭할 것이므로 적당히 유연하게 읽어 주기 바란다.

볼비의 연구 팀이 애착 이론을 내놓기 전에는 '어머니가 아기의 울음소리에 반응하면 아기의 의존심이 강해지기 때문에 그래서는 안 된다'는 주장이 심리학 및 정신 의학 학계에서 주류였다. 그러나 볼비와 에인스워스의 실증적인 연구 결과는 그런 통념에 반하는 내용이었다. 울음소리에 애정을 갖고 즉각적으로 반응한 어머니를 둔 아기들은 안정형 경향을 나타냈다.

대상은 생후 6개월~1년 반 사이의 갓난아기들이었는데,

애정을 가지고 울음소리에 즉각적으로 반응한 어머니를 둔 아이들은 안정형 경향을 나타냈다. 어머니가 자리를 뜨면 슬픔을 표현하고 어머니가 돌아왔을 때는 웃는 얼굴을 하는 등 지극히 건전하면서 적절한 반응을 보인 것이다.

이것은 갓난아기가 '부모가 없어졌을 때 적절한 수준으로 항의할 필요는 있지만 부모의 주의를 끌기 위해 과도하게 울 필요는 없다'는 것을 학습했기 때문이다. 위험이 닥치면 어머니가 바로 달려와 주고, 부르면 바로 대답해 준다는 사실을 아는 아기에게 어머니란 존재는 일종의 '안전 기지'다. 그렇기 때문에 아이는 그로부터 벗어나서 '탐색 행동(동물이 생존에 필요한 것을 살피어 찾는 행위—옮긴이)'을 할 수 있다. 요컨대 아기가 자라 자립적이 되려면 언제든 안심하고 돌아갈 수 있는 인간관계가 필요하다는 사실이 드러난 것이다.

이렇게 성장한 안정형 사람은 '타자는 나에게 좋은 것을 가져다줄 가능성이 높다'고 여기게 되므로 타인과 적극적으로 관계를 맺으려 한다. 전체 아이 중에서 안정형 아이의 비율은 대략 60% 남짓으로 여겨진다.

그에 반해 부모가 감싸 주지 않았던 아기는 '부모에게는 기대할 수 없다'는 학습을 하기 때문에 회피형이나 불안형(아이의 경우 양가형兩價型이라고도 한다)이 되는 것이다.

어머니를 안전 기지로 의지할 수 없는 유아의 탐색 행동은 소극적인 경향을 보인다. 회피형 아이는 얌전하고 부모와 거리를 두며 인사도 형식적으로 하고 남들과 어울려 놀기보다는 장난감 같은 것에 열중하는 경향이 있다. 마치 어머니에게 애정과 주목받는 걸 포기한 것처럼 보인다. 어머니를 필요로 하지 않으려고 노력함으로써 감싸 주지 않는다고 해서 실망하거나 거절당해서 상처받지 않도록 자기를 지키는 학습을 하는 유형이 회피형이다.

불안형 아이는 걱정이 많은 성격이 되거나 부모를 조정하려 들거나 혹은 반대로 거부하는 행동을 보인다. 어머니가 자기 곁에 있어 줄지, 있어 준다고 해도 어떻게 대해 줄지 모르기 때문에 안심하지 못하는 것이다. 그래서 스스로 혼란스러워하고 주변을 흔들어 놓는다. 불안형 아이는 타인에게 과도하게 의존하고, 자신의 신뢰와 기대에 못 미치면 쉽게 실망하고 좌절한다.

양육자와의 관계가 아이의 성향을 결정한다

이처럼 유아기에는 양육자의 태도가 미치는 영향이 매우 크다. 1990년대 초에 미국 국립아동보건 인간발달연구소에서 실시한 조사를 살펴보자. 이 조사는 대부분의 시간을 어린이집에서 보내는 아이의 행동에 대한 것이다.

가정에서 부모에게 관심을 듬뿍 받은 아이는 어린이집의 상황과 상관없이 안정된 태도로 행동한다. 한편 자녀에게 무관심한 부모를 둔 가정의 아이는 어린이집에서 오랜 시간을 보내고 이에 따라 양육자에 대한 심리적 거리가 멀어졌다. 나아가 그런 가정 환경의 아이는 어린이집의 환경만 개선한다고 해서 양육자와의 관계가 가까워지지 않았다. 다만 그 이외의 관계에서는 어느 정도 개선이 되었다.

같은 조사에서, 좋은 어린이집을 찾으려고 노력하는 어머니는 아이와 안정된 애착 관계를 쌓은 부모다. 하지만 불안정한 애착형을 보이는 어머니는 자기 아이가 어디서 어떻게 지내는지 신경 쓰지 않는 경향이 있었다.

어릴 적 스킨십과 정서 교감의 중요성

부모의 양육 행동이 아이의 성장에 중대한 영향을 미친다는 사실을 밝힌 사례들 중에서 신성 로마 제국의 황제 프리드리히 2세의 언어 실험과 해리 할로가 붉은털원숭이를 이용해 실시한 대리모 실험이 특히 유명하다.

13세기에 신성 로마 제국 황제였던 프리드리히 2세는 '언어를 배우지 않고 성장한 아이는 어떤 언어로 말할까?'라는 주제로 실험을 했다. 어학에 재능이 뛰어나 6개 국어에 정통했던 프리드리히 2세는 '인간은 태어날 때부터 자기 언어를 갖고 있다'고 생각했고, 게다가 그것은 '신의 언어'인 히브리어일 것이라고 예상했다.

그런 예상을 확인하기 위해 그는 부하 50명의 갓난아이를 데려다 격리시켜 키웠다. 우유를 먹이고 배설물을 치워주는 등 영양과 위생 문제는 여러 담당자가 맡아서 보살폈다. 다만 육아 담당자들에게 '갓난아이와 눈을 맞추거나 미소를 보이거나 말을 걸면 안 된다, 어떤 접촉도 금지한다'는 명령을 내렸다.

그런데 예상과는 다르게 아이들은 자발적으로 언어를 말하지 않았다. 게다가 절반은 2년 이내에 사망했다. 설령 영양이 충분해도 스킨십이나 정서적인 교감이 없으면, 옥시토신이 충분히 분비되지 않기 때문에 아이의 면역계에 치명적인 악영향이 생겨서 쉽게 병에 걸려 버린다고 짐작할 수 있다.

프리드리히 2세의 실험은 1930년대 후반에 아이오와대학교의 심리학자 해럴드 스킬즈가 고아원에서 자란 아이의 언어 발달을 연구한 조사에서 더욱 확실하게 증명되었다.

당시 미국의 고아원은 창고 같은 장소였고, 아이들은 고아원 직원은 물론이고 다른 어른에게도 충분한 애정을 받지 못하는 곳이었다. 고아원에서 성장한 아이들은 '나는 불필요한 존재'라고 여겼다. 게다가 스킬즈는 시설에서 보낸 기간이 길면 길수록 아이들의 언어성 지능 지수IQ가 낮아진다는 사실을 발견했다.

스킬즈는 고아원의 아이들을 하루에 몇 시간씩, 아이와의 접촉을 중요시하는 보육원에 다니게 했다. 그랬더니 지능 지수가 상승했고 더 이상 저하되는 경우는 없었다. 또 연상의 지적 장애 소녀들을 보살피는 시설에 고아원 아이들을 보내기도 했다. 남을 보살피기 좋아하는 이 소녀들에게 엄마 역할을 대신하게 하고, 오랜 시간 함께 보내도록 했더니 고아원 아이들의 평균 지능 지수가 지적 장애라고 진단받은 수준에서 평균 수준으로 회복되었다.

할로의 대리모 실험

1930년대 초, 미국 위스콘신대학교의 해리 할로 교수는 당시 동 대학의 대학원생이었던 에이브러햄 매슬로와 함께 동물원의 원숭이를 대상으로 연구를 실시했다. 매슬로는 훗날 '욕구 5단계 이론(자기실현 이론)'을 제창한, 세계적인 심리학자다. 그들의 연구는 나중에 붉은털원숭이를 이용한 애착 형성 연구로 이어졌다.

실험은 새끼 원숭이를 상자 속에 두고 부드러운 천이 붙은 어미 원숭이 모조품(대리모)을 놔두는 데서 시작했다. 새끼 원숭이는 장난감 전차나 다가간 사람에게도 반응을 보였지만 특히 천으로 만든 대리모의 얼굴을 바라보는 것에 매우 강한 집착을 보였다.

할로의 영장류연구소에서는 오랑우탄이나 침팬지 등 다른 영장류의 새끼들도 헝겊을 잡고 필사적으로 매달리는 것을 확인했다. 물론 추워서가 아니다. 새끼 원숭이들이 천을 움켜쥐는 것은 주변에 안아 줄 인간이나 원숭이가 없을 때였다. 요컨대 연구자들은 이를 애착을 원하는 행동이라고 해석했다.

당시 심리학계에서 지배적이었던 견해는 '자식은 부모의 사랑을 필요로 하지 않는다. 어머니는 수유를 통해 영양분을 주기 위한 존재일 뿐이다'라는 것이었다. 할로는 이런 견해를 뒤집기 위한 실험을 준비했다.

그는 연구원들에게 새끼 원숭이를 위한 대리모 인형 2개를 만들라고 지시했다. 1개는 미소를 머금은 둥근 머리가 달리고, 몸은 스펀지 고무와 면 헝겊으로 감싸여 있으며 몸통의 뼈대 안쪽에는 열을 내는 전구가 있었다. 하지만 이 '헝겊 엄마'에게서는 우유가 나오지 않았다. 다른 1개는 철사로 만든 대리모였는데 몸통 안쪽에 따뜻한 전구가 있었지만 대신 찡그린 얼굴을 한 사각형 머리를 달았다. 이쪽 '철사 엄마'에게는 우유병을 설치했다. 그리고 새끼 원숭이들 앞에 2개의 '엄마'를 놓고 행동을 관찰했다. 그 결과는 어땠을까?

새끼 원숭이들은 거의 대부분의 시간을 헝겊 엄마와 지냈다. 때때로 우유를 먹기 위해 철사 엄마에게 가기도 했지만 식사를 끝내면 곧바로 헝겊 엄마 곁으로 돌아왔다.

이 실험을 통해 할로는 '부모는 자식에게 안전 기지를 제공한다'는 볼비와 에인스워스의 주장과 유사한 결론을 도

▌ 새끼 원숭이는 '철사 엄마'에게 다가가지 않고(좌), '헝겊 엄마' 품에 안겼다(우).

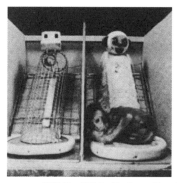

* 출처: Harry F. Harlow, The Nature of Love, American Psychologist, 13, pp. 673~685.(1958)

출했다(실제로 그들은 훗날 교류를 가졌다). 헝겊 엄마를 감추면 새끼 원숭이들이 혼란스러워하거나 공포에 질렸는데 이때 철사 엄마는 도움이 되지 않았다. 이를 통해 헝겊 엄마의 중요성을 확인할 수 있었다.

다만 헝겊 엄마도 만능은 아니다. 헝겊 엄마를 아무리 좋아했더라도 엄마가 반응이 없음을 깨닫고 나면 그 새끼 원숭이는 무리에 넣어 줘도 동료들과 잘 어울리지 못했다. 철사 엄마와 함께 자란 원숭이도 마찬가지였다. 이러한 문제는 일방적으로 매달릴 대리모만 있으면 해결되는 게 아니며, 애정에는 쌍방향성이 필요한 것을 알 수 있었다. 게다가 충분한 사회성을 갖추려면 모자 사이는 물론이고 다른 원숭이들과도 교류하는 경험이 필요하며, 대리모의 존재만으로는 불충분하다는 사실을 알아냈다.

애정 박멸 운동과 캥거루 케어

할로는 이런 중요한 발견으로 칭송을 받았지만, 새끼 원숭이를 고독한 상황에 방치하고 인위적으로 우울증 상태로 만들었다는 사실 때문에 동물 학대 비판을 받기도 했다(지금은 할로가 실시한 것과 같은 실험은 인정을 받지 못한다). 하지만 결코 잊지 말아야 할 점은 할로의 연구 팀이 등장하기 전에는 유럽과 미국에서 '사랑은 자식을 망치는 것'으로 간주했으며 '애정 박멸 운동'까지 벌어졌다는 사실이다.

예를 들면 미국 심리학회 회장까지 역임한 행동주의 심리학의 창시자인 존 왓슨은 '감정은 조절해야 한다'는 신념을 가지고 있었다. 그리고 자식에 대한 부모의 포옹이나 스킨십이 지나치면 그 때문에 아이가 불행하게 성장해서 결국 결혼 생활에 적응하지 못할 것이라고 주장했다.

또한 20세기 초중반까지는 '병원균을 전염시키지 않도록 부모와 자식도 격리해야 마땅하며, 자녀와 접촉하거나 키스 등의 행동은 최대한 피해야 한다'는 견해가 의학계에 널리 퍼져 있었다.

앞에서 소개한 볼비는 유럽과 미국의 연구지에서, 어머니의 보살핌과 자녀의 심리적 건전성의 관계에 관한 연구 논문을 찾아보았다. 그런데 1920년대에는 고작 5편, 1930년대에는 22편밖에 발견하지 못했다.

할로나 볼비는 그런 견해에 이의를 제기하고 모자 관계에서 애정의 중요성을 강조했다. '모든 인간에게는 확고한 애정의 기반이 필요하다'고 주장한 것이다.

1970년대에 여성 해방 운동이 일어나고 여성의 사회 진출이 활발해지자 할로나 볼비의 학설은 여성 차별적이라는 비판을 받았다(할로는 '육아는 남자가 해도 상관없다'고 말했음에도 불구하고). 그들의 연구 방향성이 대체로 옳았다는 것은 훗날 신경 과학이 발전하고, 애착 형성과 옥시토시 수용체의 관계가 명확하게 밝혀짐으로써 증명되었다.

현재는 분만 직후에 갓난아기를 어머니의 품에 안겨서 수유나 접촉 등 한동안 같이 지내게 하는 '캥거루 케어(조기 모자 접촉)'를 장려하는 목소리가 유럽과 미국을 중심으로 높아지고 있다.

원래 캥거루 케어는 콜롬비아의 신생아 집중 치료실ICU에서 시작됐다. 콜롬비아에서는 의사와 간호사의 숫자에 비해 입원 환자가 너무 많아서 호흡기계 문제나 감염증 때문에 신생아의 사망률이 70%에 달했다. 그래서 미숙아의 체온을 유지하고 필요할 때 즉시 모유를 먹일 수 있도록 생후 일정 기간 동안 어머니와 자식이 함께 지내도록 추천했다. 캥거루 케어는 여기서 비롯된 것이다.

대부분의 연구자들은 캥거루 케어가 아이의 건강 상태 유지와 개선에 매우 효과적이라는 것을 인정했다. 또한 10세가 될 때까지 꾸준히 캥거루 케어를 받은 아이는 그렇지 못한 아이보다 스트레스 반응이 덜하고 모자 관계도 양호하다고 보고되었다.

애착 형성과 옥시토신 수용체의 관계

애착 형성을 결정하는 것은 앞에서 서술한 대로 유아기에 특정한 양육자와 깊은 애착을 형성했느냐 아니냐에 달려 있다. 그리고 이에 따라 옥시토신 수용체의 수치도 결정된다.

옥시토신은 포옹이나 섹스를 할 때 뇌하수체에서 분비되는 뇌내 물질이다. 편안한 감정을 더해 주고, 상대에게 친밀감과 애정을 품게 해 주기 때문에 행복 호르몬으로도 불린다는 내용은 앞에서 이야기했다. 최근에는 항스트레스 기능도 있다는 사실이 밝혀졌다.

옥시토신은 출산할 때 진통 촉진제로도 작용한다. 예로부터 조산사助産師들은 임신부에게 '잠자리를 가지면 출산이 빨라지는 경우가 있다'고 조언해 왔는데 이는 미신이 아니라 오랜 세월 조산사들의 관찰과 경험에서 도출된 식견이었을지 모른다.

자연 분만을 할 때 산모의 자궁 경부에는 강한 통증을 동반한 자극이 가해진다. 이때 옥시토신이 대량으로 방출되는데, 그로 인해 산모의 모성이 커져서 아이와의 애착 형성이 원활해진다는 학설도 있다.

또한 유방에서 모유를 생산하기 위해서도 옥시토신이 필요하다. 옥시토신은 모유 생성을 촉진시키는 프로락틴이라는 호르몬과 그 수용체와 더불어, 여성의 몸을 출산과 육아에 적합한 상태로 만든다.

미국 에머리대학교 의학부의 래리 영 교수와 일본 도호쿠대학교 뇌과학센터의 니시모리 가쓰히코 교수는 유전자를 조작해 옥시토신 수용체 결손이 있는 쥐를 만들었다. 그 결과 그 암컷들은 새끼를 낳아도 적극적으로 양육 행동을 하지 않았다.

후천적 요인이 특정 유전자를 작동시킨다

한편 선천적으로 타고난 유전자만이 애착 유형을 결정하는 요인은 아니라는 것을 암시하는 동물 실험이 있다. 컬럼비아대학교 심리학부의 프랜시스 샹파뉴 부교수는 자식을 별로 안 돌보는 어미 쥐의 새끼를, 자식을 잘 돌보는 다른 어미의 둥지로 옮겨 주는 실험을 실시했다. 그러자 자식을 잘 돌보는 어미 아래서 자란 새끼들은 본래의 소질과 상관없이 스트레스 내성이 강한 개체로 성장했다. 반대로 자식을 별로 안 돌보는 어미 곁에 남겨진 새끼들은 스트레스 내성이 약해졌다.

이 새끼 쥐들의 변화를 더 조사했더니 선천적으로 결정된 유전자의 염기 배열뿐 아니라 환경과의 상호 작용으로 유전자가 수식修飾되기도 하는데 그에 따라 일어나는 후천적인 변화도 새끼의 성향을 결정하는 중요한 인자가 된다는 사실이 밝혀졌다. 이처럼 후천적 요인으로 인해 나타나는 형태적, 생리적 성질이 다음 세대로 유전되는 현상을 연구하는 학문을 '후성 유전학epigenetics'이라고 한다.

후성 유전학은 영국의 생물학자 콘래드 웨딩턴이 후성설epigenesis과 유전학genetics을 합해서 만든 말이다. 19세기에 유전 법칙과 유전자가 발견된 이후 어느 개체가 출생한 뒤 획득한 형질(환경에 의한 형질)은 그 자손에게 유전되지 않는다고 여겨져 왔다.

이 책에서는 후성 유전학을 깊게 다루지 않을 것이므로 간략하게 설명하자면, 유전자 위에 스위치가 있어서 후천적 요인으로 인해 스위치가 켜지거나 반대로 꺼지기도 한다는 것이다. 예를 들자면 같은 악보를 연주해도 연주자의 스타일에 따라 곡조가 바뀌는 것과 같다. 또한 같은 연주자의 연주라 해도 완전히 똑같은 연주는 있을 수 없다는 의미다. 이 분야는 최신의 영역으로서 한층 더 새로운 연구와 지식이 더해질 것으로 기대된다.

회피형 부모가 회피형 자식을 만든다

다시 인간의 애착 형성 이야기로 돌아가자. 미국 텍사스의 베일러의과대학교의 메릴린 스트라선 박사가 애착 유형에 따라 어머니의 옥시토신 양이 어떻게 변하는지, 뇌의 어느 부분이 어떤 반응을 보이는지 '기능적 자기 공명 영상fMRI' 장치를 이용해 조사했다. fMRI는 핵자기 공명이라는 원자 물리학 원리를 이용해서 뇌의 활동 영역을 시각화하는 장치다. 규모가 큰 병원에서 정밀 검사에 이용한다.

사실 안정형, 회피형, 불안형 사람들의 옥시토신 양은 평상시에는 그리 큰 차이가 없다. 그러나 모자 한 쌍을 5분 동안 함께 놀게 하였더니 안정형 모자의 옥시토신 양이 대폭 상승했다. 또한 안정형 엄마들은 갓난 자기 아이의 사진을 보면 뇌의 시상하부에 있는 옥시토신을 생산하는 영역이 활성화되었다. 하지만 자기 아이의 우는 얼굴을 봤을 때 회피형 사람의 뇌에서는 고통, 짜증 등의 감각과 관련된 부위(도피질)가 활성화되었다. 안정형 엄마의 경우는 뇌의 보상계가 활성화되어 슬퍼하는 아이에게 다가가라는 명령을 내리는 데 반해, 회피형 엄마의 뇌는 자기 아이를 피하라는 명령을 내렸다는 뜻이다.

이런 회피형 엄마를 둔 아이는 어떻게 행동하게 될까? 아무리 울어도 엄마는 감싸 주지 않는다. 혹은 성가셔하거나 화를 내며 상처를 준다. 이는 아이에게 쓰라린 경험일 것이다. 이런 경험이 몇 번씩 되풀이되면 아이는 고통을 피하기 위해 아예 타자에게 기대하지 않고 요구하지 않게 된다. 이렇게 회피형 부모가 회피형 자식을 만드는 것이다.

애착 형성이 안 되면 고독해진다

유소년기에 학대나 방임(육아 방치)에 노출된 아이들은 앞에서 설명한 것처럼 성인이 된 후에도 지적 장애가 나타나는 등 매우 큰 손상을 입는다는 사실이 밝혀졌다. 그런데 여기에도 옥시토신이 중요하게 작용한다.

2005년 미국 위스콘신대학교 심리학부의 세스 폴락 교수 연구 팀은 미국 가정에 양자로 입양되어 들어간 4~5세의 아이 18명을 조사했다. 그들 대부분은 정치적으로 혼란했던 시기의 루마니아 양호 시설에서 평균 16개월 남짓 힘겨운 시간을 보낸 터였다.

평상시 그들의 옥시토신 양은 대조군인 평범한 아이들과 비슷한 수준이었다. 그러나 30분쯤 엄마의 무릎에 앉혀 게임을 하거나 스킨십을 하도록 하면 확연하게 차이가 났다. 평범한 아이들은 엄마(친모)와 노는 동안 옥시토신 양이 상승한 데 비해 고아들은 엄마(양모)와 놀아도 옥시토신 양이 크게 변하지 않았던 것이다.

신뢰할 수 있는 개체가 옆에 있으면 옥시토신은 뇌 속에서 기분 좋은 감각을 생성하는 쪽으로 작용하여 아이들로 하여금 타자와의 관계 구축에 긍정적이 되도록 만든다고 여겨져 왔다. 그래서 폴락은 유소년기에 어떤 쓰라린 경험을 한 아이는 옥시토신이 잘 나오지 않을 것이고 그 결과 타자와의 관계 구축도 어려울 것이라고 추측했다. 이 실험 대상이었던 루마니아에서 온 아이들은 옥시토신뿐 아니라 바소프레신의 수치도 매우 낮았다.

그 밖에도 캐나다 맥길대학교 신경학·신경외과부의 마이

클 마난 교수(정신 의학) 연구 팀은 자살한 사람의 뇌를 조사했다. 그 결과 유소년기에 육아 방치를 당했거나 학대를 받은 사람은 뇌내 에스트로겐 수용체의 밀도가 낮았다. 또한 옥시토신 수용체의 밀도도 낮은 상태였다.

앞에서 설명한 것처럼 에스트로겐은 옥시토신으로 인해 돈독해진 유대감을 증폭시키는 역할을 한다. 그러므로 에스트로겐 수용체와 옥시토신 수용체가 부족했던 그 사람은 주위와의 단절과 깊은 고독을 느꼈을 것이라고 짐작할 수 있다.

최근 들어 가족의 유대가 약해지고 고독사가 급증하는 추세, 그야말로 '무연 사회(연고나 연고자가 없는 사람이 많아진 사회. 즉 사람 간의 유대가 줄고 사회 속에서 고립되어 살아가는 사람이 늘어나는 현상을 나타내는 말—옮긴이)'다. 그 배경에는 유아기에 충분한 애착 형성이 되지 않아서 옥시토신 수용체 밀도가 약해진 사람이 건강한 가족을 꾸리는 데 실패하고 자기 자식에게도 똑같은 육아를 하는 악순환적인 재생산 구조가 깔려 있을지도 모른다.

애착 유형별 연애와 불륜 패턴

앞에서 유소년기의 모자 관계와 애착 유형, 옥시토신 수용체의 밀도가 밀접하게 관련이 있다는 것을 확인했다. 이제 다시 불륜이라는 화제로 돌아가 보자. 애착 유형은 그 사람의 대인 관계를 좌우하므로 당연히 연애와 성 행동도 애착 유형에 따라 달라진다. 유형별로 전형적인 예를 살펴보자.

안정형은 일부일처형 성 행동을 선호하는 것으로 보인다. 옥시토신 수용체의 양과 난혼의 관계는 들쥐를 대상으로 한 동물 실험에서도 확인되었다.

먼저 특정한 수컷과 암컷을 짝지어 준 후 잠시 둘을 떼어 놓는다. 그러고는 다른 암컷을 원래 파트너와 함께 우리에 넣어 주고는 어느 쪽을 고르는지 관찰했다. 그러자 옥시토신 수용체가 활발하게 기능하는 유형은 원래 암컷을 고르는 경향을 보였다. 인간도 옥시토신 수치가 높은 사람은 불륜 경향이 적다고 여겨진다.

회피형에게는 인간관계가 기본적으로 부정적이어서 '연애 따위는 성가시니 안 해도 된다'는 주의가 적지 않다. 그들에게 섹스는 그리 큰 쾌락이 아니고 안도감의 기반도 아니며 생애에 일어나는 여러 일 중 하나에 불과할 뿐이다.

다만 회피형 사람에게는 '누구와도 깊은 관계를 맺거나 진심으로 사귀고 싶지는 않지만 많은 사람과 가벼운 관계를 맺고 싶은' 경향이 있다. 그리고 타인을 자신의 도구로 이용하고 싶은 욕구가 있다. 그렇기 때문에 정복이나 지배욕처럼 자기애적인 소망에만 집중한 나머지 난교로 치닫는 경우도 있다.

회피형 사람은 애정과 성행위를 따로 떼 놓고 생각할 수 있기 때문에 애정 없이도 성욕이 생기면 얼마든지 섹스를 할 수 있다. 또한 자신의 성적 능력, 매력을 과시하거나 실감하고 싶어 한다. 그래서 애정이 없는 상대와도 섹스를 할 수 있는 것이다.

회피형은 남성에게 더 많은데 생리적인 원인은 자세히 밝혀지지 않았다. 다만 여성 호르몬인 에스트로겐이 옥시토신 수용체의 밀도를 높이므로, 회피형 여성이 회피형 남성보다 적은 이유는 그런 성호르몬의 영향이지 않을까 하는 견해가 있다.

불륜에 취약한 불안형

불안형 아이는 엄마가 자리를 뜨면 우는 데서 그치지 않고 엄마가 돌아온 후에도 '왜 내 앞에서 사라졌어?'라며 격렬하게 울어 댄다. 이런 유형은 어른이 되어서도 누군가가 곁에 있어 주지 않으면 불안해한다. 그 사람을 진정으로 사랑하느냐는 별개의 문제고, 곁에 있어 주는 사람이 생기면 늘 매달리게 된다.

회피형 사람에게는 성적인 관계가 별로 중요하지 않지만 불안형 사람에게는 매우 중요한 의미를 지닌다. 성적 파트너는 자기를 지탱해 주는 존재이며, 성적인 봉사는 자기에 대한 애정의 대가고, 섹스를 자신의 존재를 증명하는 행위로 여기는 경우까지 있다. 불안형 사람이 섹스에 적극적으로 임하는 이유는 파트너의 애정이나 헌신을 잃을 것 같기 때문이다.

불안형 사람은 외로움을 달래거나 상대의 기분을 상하게 만들지 않기 위해 섹스를 한다. 바꿔 말하면 사실은 사랑하지 않지만 상대가 강하게 요구하면 응할 때가 있는 것이다.

만약 현재 파트너와 잘 풀리지 않고 자신이 거절당한다고 느끼거나 그에 대해 두려움과 분노를 품게 되었을 때, 마침 애정을 줄 것 같은 상대가 나타나면 불안형 사람의 마음은 그쪽으로 쏠린다.

이것은 정숙, 성실이 결여된 행동처럼 보일 수도 있지만 실은 불안해서 견딜 수가 없기 때문이다. 불안형 사람은 살아가는 것이 고통처럼 느껴지는, 실존적인 불안을 품은 존재라고 할 수 있다.

또한 불안형과 교제하는 상대방 입장에서 보면, 자신에게 매달리고 달라붙는 걸 허락하지 않으면 배신당할 가능성이 높으므로 부담도 클 수밖에 없다.

남성보다 여성 중에 불안형이 많은 까닭

불안형 여성의 경우 에스트로겐이 지나치게 증가하면 기분이 격하게 변화한다는 사실이 밝혀졌다. 그와 더불어 옥시토신이 야기하는 공격성이 더해지면 격정을 샘솟게 한다.

'여자는 감정적'이라는 말이 생긴 이유는 남성에 비해 불안형이 많기 때문이다.

그러나 테스토스테론이 강해지면 회피형 쪽으로 행동할 가능성이 높아진다. 남성 호르몬인 테스토스테론은 남녀 모두에게 성적 욕구를 높여 주는 성호르몬인데, 관계를 돈독하게 해 주는 옥시토신의 작용을 감소시키는 기능도 있다. 따라서 불안형 여성은 근육 운동을 통해 테스토스테론을 늘리는 것이 한 가지 대처법이 될 수 있다.

불안형 사람의 내면은 고통스러울지 모르지만, 생식이라는 측면에서 보면 꼭 나쁜 것만은 아니다. 불안형은 많은 이성과 관계를 맺는 경향이 강하기 때문에 번식에 유리하다.

쥐를 이용한 실험에서 이런 사례가 보고되었다. 뉴욕주립대학교 빙엄턴캠퍼스 심리학과 니콜 캐머런 부교수가 캐나다 맬긴대학교에서 박사후연구원으로 있던 시절에 발표한 논문에 따르면, 새끼를 잘 돌보지 않는 쥐(인간으로 따지면 불안형에 가까운 엄마) 밑에서 자란 암컷은 수컷을 좀처럼 거부하지 않는 경향을 보였다. 그리고 보통 암컷에 비해 짝짓기 경험을 보다 빨리, 보다 많이 했다.

인간에게도 이와 같은 경향이 나타난다는 사실이 여러 사회학자의 조사를 통해 밝혀졌다. 부모 자식 관계가 원만하지 않은 가정에서 성장한 여자아이는 초경을 빨리 맞고, 보다 일찍 섹스를 시작하며, 상대를 신중하게 선택하지 않는 경향이 있다.

애착 유형은 사회생활도 결정한다

여기까지 읽고서 '내 자식은 절대로 회피형, 불안형으로 키우지 말아야겠다'거나 '내가 다른 사람과 성적인 관계를 잘 맺지 못하는 이유는 애착 유형의 문제일지도 모르겠다'고 생각한 사람이 있을 것이다.

사실 애착 유형은 한번 정해졌다고 해서 평생 변하지 않는 것은 아니다. 어른이 된 후부터 안정형에 가까워질 가능성도 있다. 회피형, 불안형 사람도 가까운 주위에 안정형 사람이 있어서 1대 1의 애착 관계를 길게 쌓아 간다면 서서히 안정형으로 변할 수 있다.

세상에는 '그가 있어서 팀 내 분위기도 좋아지고 모두 즐겁게 일하며 결국 일이 잘 풀린다'는 평가를 받는 사람이 존재한다. 그들은 대부분 안정형으로 여겨지는데, 구성원 한 사람 한 사람을 (비언어적 메시지도 포함하여) 세심하게 보살피고 '안전 기지' 역할을 할 가능성이 크다.

이들은 인간관계에서 윤활유가 되어 준다. 그리고 일을 척척 해치우는 것 같지는 않지만 왠지 쉽게 이야기가 통한다. 이런 사람은 누군가 실패하거나 불안해할 때 완충 역할을 함으로써 조직에 중요한 리소스를 제공한다.

그런데 최근 일본 기업들 사이에서는 '실력주의, 자기 책임'을 강조하고 영업 실적과 같은 개인 역량이 중시되는 분위기다. 그 폐해로 안정형 인재를 경시하는 풍조가 생겨났다.

안정형 인재는 단독으로는 별로 우수한 타입이 아닐지도 모른다. 하지만 집단을 고양시키는 힘은 무시할 수 없는 능력이다. 조직 내에서 이런 인재를 정당하게 평가하는 인사 제도가 마련되어야 한다.

물론 반대의 경우도 있다. 회피형, 불안형 상사가 과도한 권한이나 경영권을 갖게 되면 그 기업은 위기에 빠질지도 모른다. 사장이 사사건건 참견하는 '미세 경영'을 펼치거나 측근과 심복의 밀고나 거짓 모략만 믿고 인사와 경영에서 중대한 결정을 할 가능성도 있다.

또한 회피형, 불안형 경영자는 인재 활용 면에서도 서툰 경향이 있다. 자기보다 뛰어난 인재를 배제시켜 버리기 때문에 필연적으로 도량이 좁은 측근들만 남아서 제대로 된 후계자를 키울 수 없다.

일본을 대표하는 초우량 기업, 경영 개혁에도 열심이었던 기업이 경영자가 교체된 후로 급속하게 이상해져서 대폭적인 규모 축소나 도산 위기에 빠지는 경우가 여러 번 있었다. 그 배후에는 의외로 이런 사정이 숨겨져 있었을 것이다.

불륜에서 정신적 안정을 얻는 타입

안정형 사람이 주는 이점은 연애 관계에서도 발휘된다. 불안형 사람이 안정형 사람과 연애 관계를 맺는다면, 불안형 사람의 애착 유형이 안정형으로 바뀔 수 있음을 충분히 짐작할 수 있을 것이다.

이것은 통상적인 연애나 결혼에만 한정되지 않는다. 설령 불륜 관계라도 불안형 사람이 안정형에 가까워짐으로써 일이 잘 풀리고, 들키지 않는 한에서는 배우자와의 결혼 생활도 오히려 안정될 것이다. 불안형 사람끼리 맺어져서 둘 다 의존하게 되거나 불안형과 회피형이 맺어져서 서로 거칠게 메말라 가는 것보다는 본인이나 주위 사람에게 바람직한 영향이 생길지도 모른다.

또한 앞에서 언급했듯이 옥시토신은 섹스에 의해 분비되므로 강한 애착을 형성하는 계기가 된다. 그렇기 때문에 성적인 관계를 이용해서 상대에게 정서적 안정을 주고, 일이 잘 풀리도록 도와주는 사람도 있는 것이다. 항간에서 '아게망あげまん(남자의 운세를 상승시켜 주는 여자)'이라고 불리는 여성이 있다. 자기 자신도 안정형이지만 남성의 애착 유형도 안정형으로 이끄는 능력을 가진 여성을 가리킨다고 추론할 수 있다.

안정형 남성 중에도 이런 능력을 가진 사람이 있다. 예를 들면 젊은 시절에는 인기가 많았지만 불륜을 거듭한 나머지 결국 안방극장에서 퇴출된 여배우가 중년이 된 후에 가정적인 이미지를 쌓아 인기도 얻고 광고나 드라마에도 자주 나오는 경우가 있다. 그런데 다시 인기를 얻게 된 배경에는 불안형 여배우의 정서를 지탱해 주는 안정형 남성 배우자가 있을 때가 많다. 그래서 그 여배우가 다시 연예계 활동을 할 수 있게 된 것이다.

2017년 일본의 어느 여배우의 불륜이 발각되었을 때, 상대가 그녀의 속옷을 머리에 뒤집어쓴 사진이 유출되어 큰 화제가 되었다. 남들이 보기에는 기이하고 이상야릇한 행위지만 두 당사자가 서로의 긴장을 풀어 주는 관계였음을 보여 주는 중요한 사진이라고 할 수 있다. 이 불륜 상대는 그녀에게 정신적으로 매우 큰 안정감을 주지 않았을까? 요컨대 그가 그녀의 '안전 기지'였다고 추측해 볼 수 있다. 그녀가 왕성하게 연예계 활동을 할 수 있었던 것은 이 남성의 존재 덕분인지도 모른다.

불륜이 폭로되어 신용이나 사회적 지위를 잃었음에도 불구하고 '업무 파트너'라고 강변하며 여전히 그 상대와 관계를 지속하는 경우도 있다. 이런 사람들은 자기 자신이 회피형 또는 불안형임을 익히 잘 알고 있기 때문에 이러는 것이 아닐까 싶다. 만약 안정형 파트너를 잃으면 자기 생의 톱니바퀴가 거꾸로 돌기 시작해서 자기는 더욱 깊은 나락으로 곤두박질치게 될지 모른다고 여기는 것이다. 그 정도로 자신이 의존적임을 알기 때문에 지리멸렬한 강변을 하면서까지 불륜 관계를 이어 가는 것이다.

영웅호색이 탄생하는 과학적 배경

지금까지 선천적인 유전자 외에 불륜 행동에 영향을 미치는 요인, 후천적인 모자 관계로 인해 결정되는 애착 유형을 살펴보았다.

그런데 부자 관계에서도 주목해야 할 만한 요소가 있다. 남성 호르몬으로 알려진 테스토스테론은 성욕, 공격성, 경쟁심과 직결되어 있다. 그래서 바소프레신으로 인한 경계심, 방어 심리를 증폭시킨다. 그런데 이 테스토스테론 수치가 아이의 존재와 밀접한 관련이 있다.

중남미에 분포하는 작은 원숭이인 마모셋에게 시험관에 담긴 자기 새끼의 체취를 맡게 하면 20분 이내에 테스토스테론 양이 감소한다는 사실이 밝혀졌다. 이것은 아버지가 새끼 가까이에 있으면 성 행동이나 공격성을 저하시켜서 새끼 보호나 양육 활동에 더 많은 의식을 쏟게 만드는 거라는 해석이 있다.

인간을 대상으로 한 실험에서도 아버지가 된 남성은 테스토스테론이 감소한다는 사실이 밝혀졌다. 특히 갓난아기의 육아에 깊이 관여할 때 가장 많이 감소했다.

반대로 자기 자식과 함께하는 시간이 적거나 자식이나 아내와 각방을 쓰는 경우, 직장 때문에 가족과 떨어져 지내는 기러기 아빠는 테스토스테론이 크게 감소하지 않았다. 테스토스테론 수치가 높은 남성은 성욕도 강하므로 육아에 적극적이지 않은 아버지 쪽이 외도하기 쉬운 경향이 있다고 말할 수 있다.

또한 업무에서 실패하거나 해고를 당해도 테스토스테론 수치가 떨어진다. 흥미롭게도 운동 경기에서 지거나 자기가 응원하는 팀이 패배할 때도 테스토스테론은 감소한다. 반대

로 게임에서 이기거나 좋은 차를 타게 되면 테스토스테론이
증가하는 것으로 밝혀졌다.

우리는 흔히 '영웅호색'을 말하는데, 싸움에 강한 남성은
승리를 거머쥠으로써 테스토스테론 수치가 점점 높아지고
그 결과 성욕도 왕성해진다는 의미일 것이다.

전국 시대의 도요토미 히데요시나 도쿠가와 이에야스는
호색으로 유명하다. 물론 이에야스의 경우 출산 경험이 있
는 다산형 여성을 선호하여 측실로 삼았으니 성욕 때문이
라기보다는 자손을 많이 낳아 전략상 도구로 삼으려 했을
가능성이 높다. 이시다 미쓰나리처럼 평생 측실을 두지 않
고 일부일처를 고수했던 경우는 소수뿐이다.

이처럼 난세의 수장으로서 정치적, 성적으로 왕성하고 승
리를 거듭함에 따라 테스토스테론 수치를 높여 가는 인물
이 완고하게 일부일처를 지킨 정숙형 인물보다 더 큰 업적
을 남겼던 데에는 그만한 이유가 있었던 것이다.

성숙한 여성을 선호하는 젊은 남성들

도쿠가와 이에야스뿐만 아니라 전국 시대의 많은 무장이 출산 경험이 있는 여자를 선호했다. 그런데 영장류 수컷도 새끼를 낳은 적이 있는 암컷을 더 좋아한다. '새끼를 낳은 실적이 있는 암컷'일수록 자신의 유전자를 남기기 쉽다는 이유 때문이다.

최근 일본 사회에 흥미로운 현상이 일어났다. '숙녀熟女(일반적인 '숙녀'의 의미가 아닌, 30~50대의 성숙한 성적 매력을 가진 여성을 이르는 말—옮긴이) 붐'이 유행한 것이다. 숙녀 배우가 큰 인기를 구가하는가 하면 젊은 남성이 어머니뻘 여성과 교제하는 일도 드물지 않다.

숙녀에 대한 선호도를 판별하는 방법도 있다. 같은 여성의 얼굴 사진에 팔자 주름을 그려 넣고는, 팔자 주름이 있는 사진과 없는 사진을 피험자에게 보여 주고 점수를 매기도록 했다. 그랬더니 몇몇은 팔자 주름이 있는 얼굴을 더 좋아했다.

팔자 주름이 있는 얼굴을 좋아하는 남성은 어떤 점이 다른지 데이터를 모아 본 결과, 그 남성을 출산할 당시 어머니가 비교적 고령이었다는 사실이 드러났다. 갓 태어났을 때 어머니의 나이가 30세 이상이었던 남성은 팔자 주름이 있는 얼굴, 다시 말해 숙녀를 선호했던 것이다.

이것은 애착 형성이 이뤄지는 유아기에 '나에게 다정하게 대해 준 여성의 얼굴'이 어느 정도 나이 든 모습이었기 때문에 그런 경향이 나타난다고 추측된다.

현재 젊은 남성들은 만혼화晚婚化, 즉 늦결혼과 고령 출산이 현저해진 1980년대 이후에 태어났다. 그들은 나이를 먹은 여성을 좋아할 경향이 크기 때문에 앞으로 늦결혼은 점점 더 많아질 것이다.

배란기의 여성이 더 매혹적인 이유

어쨌거나 인간의 성 행동은 뇌내 물질에 좌우되는 부분이 매우 크다. 물론 이것은 남성만의 이야기가 아니다. 여성은 배란기에 테스토스테론 수치가 높은 남성을 섹스 상대로 원하고, 그 외의 시기에는 차분하게 생활과 육아에 힘을 쏟는 '장기적인 배우자'를 찾는다는 사실이 여러 연구를 통해 명확하게 밝혀졌다.

미국 캘리포니아대학교 로스앤젤레스캠퍼스UCLA 심리학부의 마티 헤이즐턴 교수 연구 팀의 실험에 따르면, 여성은 배란기가 되면 자연스럽게 자신의 성적 매력을 어필하게 된다고 한다.

헤이즐턴 교수의 연구 팀은 18~37세의 여성을 모집해서 2회에 걸쳐 사진을 찍었다. 첫 번째는 배란이 가까워져 임신할 가능성이 가장 높을 때, 두 번째는 생리가 다가와 임신 가능성이 가장 낮을 때였다. 그 사진들을 다른 자원봉사자 그룹에게 보여 주고 어느 쪽이 자신을 섹시하게 보이려고 하는 것 같은지 물었다. 그러자 배란기에 찍힌 사진을 선택한 쪽이 압도적으로 많았다.

일반적으로 인간은 다른 많은 생물과 달리 정해진 발정기가 없고, 배란기가 언제인지 여성 자신은 물론이고 주위의 남성도 알 수 없다는 것이 특징이다. 하지만 이 실험에서 알 수 있는 점은 배란기의 여성은 무의식적으로 발정적인 행동을 한다는 것이다.

한편 남성은 배란기 여성의 냄새를 맡으면 테스토스테론이 상승한다. 배란기의 여성이 남성을 매혹시키려 드는 것처럼, 남성 역시 테스토스테론 수치를 높여 이에 응하는 상호 작용을 일으키는 것이다.

또한 배란기에 상대가 없는 여성은 하룻밤의 실수를 범하기 쉽고, 남성은 그런 여성에게 매혹당하기 쉽다. 이런 현상은 동물로서의 인간이 피하기 어려운 성질 중 하나다. 나아가 배란기 여성과 관계를 가진 남성은 다른 남성들을 그 여성으로부터 멀리 떼어 놓으려 한다는 것이 밝혀졌다.

플로리다주립대학교 심리학부의 존 매너 교수는 학생들을 대상으로 실험을 실시했다. 그 결과 어떤 상대와 연애 감정이 고조되면, 솔로일 때 만났더라면 충분히 성적 매력을 느꼈을 상대에게도 별다른 성적 매력을 느끼지 못하게 된다는 것이 확인되었다.

연애는 파트너의 주의를 집중시켜서 다른 섹스 상대를 찾으려는 욕구를 억제하는 효과가 있다. 달리 말하면 연애 감정을 높이는 일은 배우자의 외도를 방지하는 효과가 있는 것이다. 연애를 하면 세로토닌의 농도가 강박 신경증 환자와 비슷한 수준까지 떨어진다. 이것은 한 사람에게만 의식을 집중하기 위해서다.

다만 연애 중에 상승한 도파민과 저하된 세로토닌 농도는 1~2년 정도 지나면 통상적인 수준으로 되돌아간다. 그에 따라 연애가 주는 특유의 고양감도 사라진다. 그럴 때 옥시토신의 작용을 바탕으로 유대감 형성이 제대로 되어 있지 않으면 유전자나 호르몬의 작용을 이성만으로 억제하는 건 매우 어렵다. 요컨대 불륜으로 치달을 수 있는 여지가 마련되는 것이다.

이제 정리해 보자. 외도를 저지르는 경향을 만드는 요인은 아래 3가지라고 말할 수 있다.

- 선천적인 특정 유전자의 작용
- 후천적으로 형성된 애착 유형
- 주기적 혹은 어떤 자극에 의한 남녀 성호르몬의 작용

여기에 하나 더한다면, 개인이 소속된 집단에서 일부일처 결혼 생활과 불륜 중 어느 쪽이 더 이득인가 하는 사회적 요인에 따라서도 영향을 받을 수 있다.

4장에서는 불륜이 왜 세간의 비난을 받는 것인지, 그 메커니즘을 자세히 살펴보겠다.

4장.

우리는 왜 꿈꾸고 비혼하는가

분노와 비난의 본질

최근 일본의 미디어들은 과하다 싶을 정도로 불륜을 많이 다루고 있으며, 불륜은 사회적으로도 맹비난의 대상이 되고 있다. 그러나 냉정하게 생각하면 타인의 불륜은 어디까지나 '남의 연애'일 뿐이다. 우리는 당사자가 아니며 완전한 제삼자다. 또한 불륜은 현재 일본 내에서 '비도덕적 행위'일지 몰라도 '범죄'는 아니다.

그런데도 불륜이 발각된 유명인은 사죄 기자 회견을 열고 매스컴의 질문 공세에 시달려야 한다. 프라이버시는 폭로되고 사회적 지위는 회복 불가능한 수준까지 피해를 입는다. 불륜은 왜 이렇게까지 맹렬한 사회적 배제의 대상이 되는 걸까?

많은 이가 '비윤리적이다, 자녀 교육에 좋지 않다' 등의 이유를 들 것이다. 하지만 '불륜은 왜 비윤리적인가?'라고 물으면 논리정연하게 설명할 수 있는 사람은 거의 없을 것이다.

인간 사회에서 일부일처제가 주류를 형성한 것은 오랜 역사 속에서 보면 비교적 최근이다. '일부일처제 결혼 이외의 성적 관계=악'이라고 간주하는 윤리관은 나중에 더해진 가치관에 불과하다. 그런 윤리관이 싹튼 배경에는 성병 유행으로 인한 피해가 있었다는 연구 결과를 앞에서 이야기한 바 있다.

우리 윤리관의 껍질을 한 꺼풀 벗겨 보면, 불륜 남녀를 향한 "남몰래, 남보다 먼저 '좋은 경험'을 하는 건 용납할 수 없다" "그런 '좋은 경험'을 즐기는 건 당치않다"는 잠재적인 '질투'의 감정이 드러난다.

실제로 사회적·경제적 지위가 높은 사람의 불륜이 발각됐을 때 불륜 상대가 미녀 혹은 자산가이거나 평소의 불성실한 태도가 밝혀지면 대중들에게 더욱 가혹하게 비난받는 경향이 있다. 이처럼 불륜에 대한 비난의 본질은 윤리관이나 교육이 아니라 '이득을 보는 인간'에 대한 사회적 제재라고 할 수 있다.

돈도 내지 않고 공짜로 타는 사람들

그렇다며 불륜이 그토록 질투를 사는 이유는 무엇일까? 그 것은 불륜을 하는 인간은 사회 집단 속에서 무임승차자로 간주되기 때문이다. 무임승차자란 말 그대로 '비용을 지불하지 않고 공짜로 타는 사람'이라는 의미다.

인간은 사회적 동물이다. 공동체 속에서 개인 구성원들은 역할을 분담하고, 응분의 비용을 부담하며, 정해진 규칙을 지키면서 생활한다. 우리는 이에 대하여 공동체에서 각자 보상을 받는다. 그 공동체가 국가나 지자체라면 세금을 납부하는 대신 사회 보험(의료비 지원, 연금 등)이나 인프라(수도, 도로 등)를 이용할 수 있고, 회사라면 노동의 대가로 급여나 복지 후생의 혜택을 얻는 것이다.

그러나 개중에는 그런 비용을 부담하지 않고 규칙도 준수하지 않으면서 보상만 얻으려 하는 사람이 있기 마련이다. 그들이 바로 무임승차자다.

사회를 무너뜨리는 무임승차자

애당초 인간이 공동체를 만든 이유는 혼자 사는 것보다 무리를 이루어 사는 편이 생존 확률이 높고 자손을 남기기 쉬워서다. 구성원은 각자 자원을 조금씩 내놓고, 희생을 치르고, 힘을 모아 자원을 운용한다. 그렇게 해서 전체적인 이익을 얻으면 다시 그 이익이 구성원 모두에게 골고루 나눠질 수 있도록 공동체를 운영하는 것이다.

하지만 공동체에서 무임승차자가 이득을 보는 상태가 방치되거나 남을 추월하고 새치기하는 행태가 만연해지면 성실한 사람일수록 손해를 보게 된다. '뭐야? 희생을 안 해도 혜택을 얻을 수 있어?'라고 착각하는 개체가 늘면 결국 전체 자원도 감소해 버린다. 그뿐인가, 모두가 무임승차를 시도하면 제도 자체가 붕괴되고 만다.

현대 일본 사회에서는 연금이나 건강 보험 제도가 전형적인 예라고 할 수 있다. '비용을 내면 손해'라는 걸 알게 되면 결국 아무도 내지 않아 공동체 자체가 붕괴될지도 모른다.

이기적인 행동은 단기적으로는 개인에게 이익을 안겨 주

▨▨ 무임승차자에 대한 제재

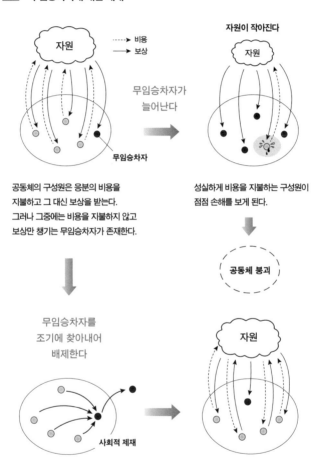

공동체의 구성원은 응분의 비용을 지불하고 그 대신 보상을 받는다. 그러나 그중에는 비용을 지불하지 않고 보상만 챙기는 무임승차자가 존재한다.

성실하게 비용을 지불하는 구성원이 점점 손해를 보게 된다.

무임승차자 수가 일정 수준 이하이면 공동체는 유지된다.

지만 공동체의 협력 구조를 좀먹기 때문에 장기적인 관계가 필요한 환경에서는 결국 손해다. 공동체의 구성원은 무임승차자를 방치해 두면, 장래에는 자신에게 큰 손해가 될 가능성이 있다.

그렇기 때문에 공동체의 붕괴를 막기 위해서는 무임승차자를 처벌하고 비용을 제대로 치르라고 강제하거나 공동체에서 쫓아내야 한다. 또한 남을 추월하거나 새치기를 해서 이득을 보는 자는 처벌받는다는 본때를 보여 줌으로써 규율을 유지할 필요가 있다.

이러한 행동을 무임승차자에 대한 '생크션sanction(제재 행동)'이라 부른다. 쉬운 예로 탈세에 대한 형사 처분이 있다. 세무서는 엄격한 눈초리로 탈세를 감시하며, 탈세를 발각했을 때에는 무거운 처벌을 내린다. 1920년대 전후 금주법 시대에 미국 마피아 두목 알 카포네도 탈세로 궁지에 몰렸다. 그러한 생크션이 본보기가 되어서 공동체의 협력 구조가 유지되는 것이다.

또한 무임승차자에 대한 사람들의 생크션은 '자기를 위해서'라기보다는 '집단을 지키기 위해서' 행해지는 것이기 때문에 이타적인 행동의 하나라고 할 수 있다.

성실한 사람이 집단 따돌림에도 적극적이다

하지만 생크션은 이처럼 이타적이기 때문에 더욱 복잡하고 까다로우며 때로는 도를 넘을 때가 있다. 영국의 생리학자 레슬리 브러더는 공감 능력을 담당하는 안와전두피질, 문맥이나 상황 판단을 포함한 커뮤니케이션 능력을 담당하는 측두엽, 좋고 싫음을 판단하는 편도체를 아울러 '사회적 뇌'라고 일컬었다. 이 영역의 기능이 활발한 사람은 배려심이 깊고 타자와의 협조 능력이 뛰어나다.

하지만 공동체를 운영하기 위해서는 무임승차자를 억제하고 일탈자가 나오지 않도록 해야 한다. 타인을 배려하는 것과 평화를 흩뜨리는 사람을 비난하는 것은 표리일체라고 할 수 있다. 그 결과 공감 능력이 남들보다 2배 높은 사람은 배신을 당하면 용서할 수 없는 마음도 강해져서 가차 없는 생크션을 행사한다.

무임승차자에 대한 생크션은 집단 따돌림의 형태로 나타날 때도 있다. '규율을 잘 지키는 사람이 더 격렬하게 집단 따돌림에 가세한다' '협조성이 높은 사람일수록 집단 따돌림으로 치닫는다'와 같은 현상이 나타나는 것은 바로 이런 이유에서다.

또한 결속이 견고한 공동체나 구성원끼리 밀접하고 사이가 좋은 조직일수록 무임승차를 시도해서 미래에 공동체의 연대를 파괴시킬지 모를 이에 대해 가혹하고 격렬한 생크션을 행사하기 쉽다. 생크션이 과도해지는 메커니즘은 이후에 좀 더 자세히 설명하겠다.

불륜에 대한 비난의 메커니즘

일본 사회가 불륜에 대해 비난을 퍼붓는 이유는 자식을 낳아 키우는 '생식 비용'이 너무 많이 드는 데에서도 찾아볼 수 있다.

지금 일본 사회에서 아이를 하나 낳아서 키우는 일을 순수하게 경제적으로 따지면 상당한 손해를 동반한다. 대부분의 엄마는 출산 때문에 직장을 그만두거나 육아 휴직을 내서 일을 중단해야 한다. 아이가 자라 학교에 다닐 즈음이 되면 집단 따돌림을 당하지 않도록 유명 사립 학교에 보내려고 하거나 더 좋은 학습 환경을 마련해 주기 위해 학원에 보내려고 노력한다.

본래 인류의 암컷(여성)의 생식에는 그 자체만으로 많은 비용 부담과 위험이 내재되어 있다. 직립 보행을 위해 진화한 골반은 난산을 초래해서 어머니와 아이 모두의 생명을 위험에 빠뜨릴 수 있다.

일반적인 사람은 육아 비용을 염두에 두고 연애, 결혼, 섹스를 한다. 자녀가 없는 부부일지라도 가정을 유지하기 위한 성가신 일과 비용, 자녀가 있는 가정보다 더 많은 세금을 수용한다.

하지만 불륜은 그런 비용을 부담하지 않으면서 성적 쾌락과 연애의 스릴을 향유하는 것으로 여겨진다. 그렇기 때문에 불륜에 대하여 '연애를 할 거면 결혼, 출산, 육아와 관련된 성가신 부담도 받아들여라' '섹스는 즐기면서 생활비나 양육비 부담은 받아들이지 않는다니 용납할 수 없다'며 사회적 압력을 가한다. 불륜을 저지르는 사람을 '연애나 섹스만 향유하는 무임승차자'로 낙인찍어 생크션을 가하는 것이다.

불륜을 향한 비난의 이면에는 이런 메커니즘이 작동하고 있다.

질투가 무임승차자를 색출해 낸다

질투라는 감정은 불륜뿐 아니라 공동체 안에 숨어 있던 다른 무임승차자를 색출할 때에도 이용된다. 일반적으로 상대가 가진 것을 나도 손에 넣을 수 있다거나, 나와 상대의 차이가 크지 않다고 여길수록 질투가 더 강해지는 경향이 있다. 남의 불행이나 실패를 기뻐하는 감정인 '샤덴프로이데 Schadenfreude'는 상대의 계층(소득, 외모, 재능)이 자기와 비슷하다는 유사성이 전제가 된다.

또한 비교 대상이 자신에게 중요한 것일수록 상대에 대

한 질투는 강해진다. 학력을 중요하게 여기는 사람은 가까운 사람이 자기보다 학력이 좋으면 부러워하고, 외모를 우선하는 사람은 자기보다 예쁘거나 잘생긴 동료를 부러워한다는 의미다.

한편 자기와는 명백하게 다른 세계를 사는 유명인, 저명인에게는 동경을 품는다. 부러워하거나 시샘하기보다 '저 사람은 특별해'라는 생각을 받아들이는 것이다. 하지만 스캔들이 발각되는 것처럼 '뭐야, 저 사람도 나랑 다를 게 없잖아?'라고 여길 만한 요소가 생기면 부러움에서 비롯된 공격 감정이 생긴다.

특히 최근에는 SNS 기술의 발달로 인해 이런 착각이 유발되기 쉽다. 일반인, 연예인, 유명인 모두 같은 SNS 서비스를 이용하고, 누구나 쉽게 사용자 계정을 만들 수 있으며, 일반인도 유명인에게 메시지나 댓글을 직접 전달할 수 있기 때문이다. 20세기까지는 유명인이란 텔레비전이나 신문 같은 미디어에만 등장하고 일반인과는 다른 세계에서 사는 일부의 사람이라고 여겨졌다. 그래서 자신과 선을 그을 수 있었다. 하지만 지금은 상황이 완전히 다르다. 유명인은 좋든 싫든 일반인과 더 가까워진 이상 질투의 대상이 되기도 쉽다.

또한 인터넷의 발달로 인해 옛날에는 알 수도 없었고 몰라도 상관없던 '잘나가는 사람'이나 무임승차자의 모습을 자주 볼 수 있게 되었다. 그 결과 자신의 상대적 빈곤도 의식하기 쉬워졌다.

그러므로 불륜 보도를 접하고 질투심을 품는 사람은 불륜을 저지른 사람을 자기와 같은 계층이라고 간주하는 것이다.

질투를 강화시키는 행복 호르몬

앞에서 소개한 뇌내 물질 옥시토신은 연인이나 부모 자식 사이를 이어 주거나 불안을 줄이고 애착을 형성해 주는 작용을 한다. 그래서 행복 호르몬이라고 불리는 것이다.

그런데 이 옥시토신 때문에 질투 감정도 강해진다는 사실이 밝혀졌다. 옥시토신은 한 대상에 대한 애착을 높여 주는 동시에 경합하는 존재(예를 들면 자녀나 연인)에 대한 질투 감정도 높여서 공격성까지 유발하는 것이다.

또한 옥시토신은 '내집단 편견' 및 '외집단 동질성 효과'를 높인다. 내집단 편견이란 자기가 소속된 집단(내집단)의 구성원은 자기가 소속되지 않는 집단(외집단)의 구성원보다 인격이나 능력이 뛰어나다고 확신해 버리는 인지 왜곡이다. 실제로는 우열의 차이가 없음에도 그렇게 판단해 버리기 때문에 '편견'이라고 부르는 것이다.

외집단 동질성 효과는 내집단의 다양성이 외집단보다 풍부하다고 믿어 버리는 현상이다. 이런 확신 때문에 자기가 소속되지 않은 집단은 단순하고 경직되었다고 믿기 쉽다.

오늘날 세계적으로 일어나는 과격한 민족주의, 배외排外 감정 등은 이런 편견의 전형이라고 할 수 있다. 자기 나라나 민족은 우수하다고 믿고, 어떤 인종은 거짓말쟁이라거나 어떤 인종은 열등하다고 딱지를 붙이는 것 모두 옥시토신의 작용 중 하나다.

내집단 편견과 외집단 동질성 효과에 대해서는 추후에 다시 설명하겠다.

애착 성향은 질투 스위치도 켜고 끈다

옥시토신은 '향사회성向社會性'을 높인다. 향사회성이란 사랑하는 상대를 위해 뭔가를 해 주고 싶다거나 공동체를 위해 도움이 되는 일을 하고 싶다는 긍정적인 감정이다. 그러나 옥시토신은 인간의 인지 능력 중 객관성을 높이지는 못한다. 안과 밖의 구별을 강화시켜 버리기 때문에 꼭 좋은 면만 있는 것은 아니다.

옥시토신의 수용성에는 개인차가 있고 또한 민족에 따라서도 차이가 크다는 사실이 밝혀졌다. 앞에서도 말했듯이 옥시토신 수용체의 수치는 태어날 때 완전히 정해지는 게 아니다. 후천적 요인인 모자의 애착 정도에 따라 밀도가 변할 수 있다. 요컨대 모자 관계를 비롯해 장기적인 인간관계를 중시하는 국민이나 민족은 옥시토신으로 인한 질투 스위치가 켜지기 쉬울 것이다.

유럽이나 미국에서는 아이와 부모가 침실을 따로 쓰고 취침 전에 깊은 스킨십을 하는 습관이 일반적이지 않다. 한편 일본에는 '아이를 재우는' 습관이 있어서 어머니와 아이가 같은 방에서 자는 것이 당연시되었다. 일본은 옥시토신 수용체의 수치가 높아지기 쉬운 환경인 것이다.

이런 점을 볼 때 일본인은 다른 나라 사람에 비해 옥시토신 수용성이 높고 그 결과 일본 사회는 질투로 인한 무임승차자 색출 기능이 강력하게 작동한다고 추측할 수 있다.

이타적일수록 생존과 번식에 유리하다

자, 그럼 무임승차자는 인류의 진화 과정에서 어떻게 생겨났고 왜 배제되게 됐는지 그 메커니즘을 살펴보자.

자연계에는 무리나 공동체 속에서 자기 개인을 희생해서라도 다른 구성원을 존속시키기 위해 행동하는 생물이 많다. 예를 들어 개미나 벌은 자기 새끼를 만들지 않고, 일벌이나 일개미처럼 오로지 일만 하는 계급이 존재한다. 포유류에서도 임팔라나 미어캣은 무리에게 위험이 닥쳐오는 것인지 아닌지, 자기를 위험에 노출시키면서까지 망을 보는 개체가 있다.

이처럼 집단 전체가 살아남기 위해 개체를 희생하는 행위는 '집단 선택(집단 도태)'이라는 가설로 설명되었다. 이 가설에 관해서 다양한 논의가 있지만, 자신을 희생하는 것처럼 이타 행동을 하는 개체가 많은 집단일수록 살아남을 확률이 높은 것으로 보인다.

인간의 경우, 유전자의 영향뿐 아니라 사회 환경과 문화의 영향에 의해서도 이타 행동의 강도가 달라진다. 예를 들면 자기와 직접적인 혈연관계(유전적 공통성)가 아닌 사람들을 위해서도 자기희생을 마다하지 않을 때가 있는 것처럼 말이다.

우리는 어렸을 때부터 이기적인 행동은 옳지 않고 공동체 전체에 이익이 되도록 행동하라고 교육을 받는다. 그런데 사실 이런 이타 행동의 핵심은 단순히 자기희생을 장려하는 게 아니다. 인간 집단은 호혜적인 이타 행동을 통해 '서로를 돕는' 집단을 구축해 간다. 사실 혈연관계가 없는 상대에 대한 친절이나 원조는 단기적으로는 보상이 적다. 그러나 장기적인 관점에서 인간 사회를 하나의 집단으로 본다면, 지불한 비용에 걸맞은 보상으로써 보다 효과적인 번식 가능성을 얻는 결과를 낸다. 이런 복잡한 행동은 다른 생물에게서는 찾아볼 수 없다.

서던캘리포니아대학교 인류학·생물학 교수인 크리스토퍼 보엠 교수에 따르면 전통적인 수렵 채집 생활을 이어 오는 집단에서는 자신의 혈연이 아니어도 관대하게 대하는 것을 옳다고 보는 사회적 압력이 보편적으로 나타난다고 한다.

또 보엠은 인류가 농경을 시작하기 이전, 수렵 채집 생활을 하던 약 4만 5000년 전에 이미 '이타적인 행동은 바람직하다'는 마인드세트mindset를 획득했다고 결론을 내렸다. 집단 선택 가설에 의하면 타자와 서로 돕지 않았던 집단이나 호혜적이지 않았던 종족은 모두 멸망했다고 볼 수 있다.

개중에는 이런 집단 선택 가설을 비판하는 학자도 있다. 하지만 인간 사회에서 이기적인 행동이 비판받고 이타적인 행동과 집단 전체에 대한 공헌이 칭찬을 받는 이유가 무엇인지 그 수수께끼를 설명하는 데는 이 가설이 가장 간단명료하다.

혼자만 이득 보면 공동체를 망친다

무임승차자는 제재와 배제의 대상이다. 하지만 무임승차자가 다소 존재해도 쉽게 붕괴되지 않을 만큼 충분한 자원이 있는 공동체에서는 무임승차 전략이 비교적 쉬운 성공법이기도 하다.

예를 들어 개인이 부담해야 하는 자녀 양육 비용이 상대적으로 가벼운 사회에서는 혼외 자녀가 증가한다. 부모가 시간적·경제적·정서적 비용을 모두 부담해야 하는 사회와 비교했을 때 그 비용을 사회가 일부 부담해 주면 한 부모라도 충분히 육아가 가능하므로 굳이 결혼까지 해야 할 필요성이 적어지기 때문이다.

그런 사회에서는 '일부일처제를 지키지 않는 사람'이 아니라 오히려 '세금을 안 내거나 혼외 자녀를 공동으로 키우는 사회 체제에 협력하지 않는 사람'이 무임승차자로 취급받을 가능성이 크다.

무임승차를 용납하면 공동체가 큰 위기에 노출되는 환경에서는 무임승차자가 맹렬한 공격을 받는다. 그런 열악한 환경에서는 무임승차는 차치하고 무리 안에서 뛴다는 이유만으로도 생크션의 대상이 될 수 있다. 이 때문에 공동체 특유의 관습이 생길 때가 있다.

캐나다 토론토대학교의 교수이자 인류학자인 리처드 리는 남아프리카 칼라하리 사막의 수렵 채집 민족인 쿤족의 관습을 조사했다. 쿤족은 사막이라는 혹독한 환경 속에서 물이 있는 몇몇 장소를 정기적으로 옮겨 다니며 원시적인 수렵 채집 생활을 한다.

쿤족은 사냥을 나가서 자기만 큰 사냥감을 잡았다면 절대 자기 입으로 자랑하면 안 된다. 사냥을 마치고 캠프로 돌아갔을 때 다른 사람들이 "오늘은 어땠어?"라고 물으면 그 사냥꾼은 "뭐, 그럭저럭"이라고 대답해야 한다. 그러면 질문한 사람들은 '아, 대물을 잡았구나'라고 아는 것이다.

다시 말해 쿤족에게는 '자기만 이득을 얻은' 것처럼 보이지 않도록 조심스럽게 말하는 관습이 있다. 하지만 그런 겸허를 보이지 않고 잘난 척하며 자기 능력을 과시하는 사람은 몹시 미움을 받고 생크션의 대상이 된다.

리 교수가 부족민에게 들은 이유는 이렇다. "자만하는 인간은 내가 수장이라는 생각을 품게 되고 자기 이외에는 열등하다고 간주해서 종국에는 누군가를 죽이게 될 것이다."

또한 쿤족 사회는 구성원 각자가 매우 평등한 것으로 알려져 있다. 일반적으로 자원이 부족한 공동체일수록 자기가 얻은 자원을 공동체에 환원하지 않거나 성과를 독점하려는 구성원에 대한 생크션이 강해진다.

변화와 모험을 기피하는 동아시아

쿤족의 관습은 겸양이 곧 미덕, 모난 돌이 정 맞는다고 여기는 일본 사회와 일맥상통하는 부분이 있다. 이런 사회에서는 성공한 사람이든 무임승차자든 양쪽 다 공격을 받는다. 그렇기 때문에 성과를 자랑하지 않고 최대한 드러나지 않게 행동하는 학습을 한다.

일본은 역사적으로 자원이 풍부한 환경이 아니었다. 태풍이나 지진 같은 자연재해가 많고 사계절의 변화가 큰 풍토 속에서 농경 생활을 이어 가려면 상당한 어려움이 따르기 마련이다.

특히 벼농사가 널리 정착된 나라 시대(710~794년) 이후, 일본인은 농사를 짓기 위해 서로 협력해야 할 필요성이 높아졌고, 강건한 결속력을 지닌 공동체가 필요했다. 그 결과 일본인은 활동적이고 모험을 즐기는 유전자가 도태되고 공동체 내에서의 협업에 걸맞은 유전자를 가진 개체가 살아남았을 것이다.

실제로 일본을 포함한 동아시아의 여러 나라 사람들은 다른 지역에 비해 행동의 적극성과 관련된 유전자 'LL형 세로토닌 수송체'를 가진 사람이 적다는 것이 밝혀졌다. 앞에서 설명한 것처럼 세로토닌 수송체가 LL형인 사람은 세로토닌을 더 적극적으로 수용할 수 있으므로 약간의 위험이 있어도 별로 신경 쓰지 않고 낙관적인 행동을 하는 경향이 있다. 당연히 연애나 생식에 있어서도 분방해질 것이다.

일본을 포함한 동아시아의 여러 나라에는 SS형 사람이 많은데 이들은 불안 경향이 강해서 위험에 신중하다. 연애나 생식에서도 모험을 즐기지 않는다. 다시 말해 일본을 포함한 동아시아 사람들은 보수적이며 변화를 좋아하지 않고 도전이나 위험에 민감한 유전자를 이어받았다고 할 수 있다.

공동체에서 배제된다는 원시적 공포

일본은 제2차 세계 대전 이후 급속하게 풍요로워졌다. 물론 거품 경제 붕괴 이후 약 사반세기는 침체 상태로 힘들었다. 하지만 현대 일본의 국내총생산GDP은 세계 3위로 과거와 비교해 훨씬 풍요로워진 게 사실이다.

그런데도 불구하고 일본에서는 여전히 불륜과 무임승차자에 대한 비난과 공격이 맹렬하다. 이것은 변화 속도가 느린 유전자가 사회의 변화 속도를 따라가지 못해 벌어지는 과도기적 현상일지 모른다. 풍요로워진 사회에 우리가 미처 적응을 못 했다는 의미다.

아직 우리의 뇌내 물질과 DNA는 일부일처제에 적합하지 않다. 그래서 '불륜이 사라지지 않는 이유'와 마찬가지로 '불륜에 대한 비난' 역시 사라지지 않을 것이다.

불륜에 대한 가장 강력한 브레이크는 불륜을 저지른 사람에 대한 생크션이다. 사회적 명예, 지위, 재산을 잃고 공동체에서 배제된 사람은 본보기가 되어 다른 이들로 하여금 불륜을 단념하게 만든다.

배우자에 대한 책임감이나 공감은 브레이크 역할을 하지 못한다. 책임감, 공감 같은 고차원적인 뇌 기능을 담당하는 것은 뇌에서도 비교적 새로운 부위인 전전두피질이다. 전전두피질은 성적 쾌락과 관련된 보상계와는 멀리 떨어져 있고 알코올에 의해 마비되기 쉽다. 그래서 이성적으로는 남편(아내)을 배신할 수 없다고 생각하더라도 술김에 눈앞의 욕망에 무릎을 꿇어 버리는 사태가 쉽게 발생한다.

전전두피질을 마비시키는 요인은 알코올뿐이 아니다. 연애 감정이 고양됨에 따라 도파민이 방출되면 전전두피질의 기능이 억제된다.

공동체에서 배제되는 공포는 '원시적인 공포'다. 왜냐하면 원시 사회에서 공동체로부터의 배제는 말 그대로 '죽음'을 의미했기 때문이다. 따라서 불륜에 대한 생크션이 충분히 브레이크 역할을 할 수 있었다. 그러나 배제의 공포를 상

상하지 못하는 사람, '난 어떻게든 되겠지, 난 들키지 않겠
지'라고 생각하는 사람에게는 브레이크가 되지 못한다.

우리가 인간으로서 유성 생식有性生殖(암수의 두 배우자가 합
일한 접합체에서 새로운 생명체가 발생하는 생식법―옮긴이)을 계
속하는 한 불륜과 불륜에 대한 비난은 결코 사라지지 않을
것이다.

여성이 불륜에 대해 더 비난하는 이유

최근 일본을 뒤흔든 불륜 사건을 보면서 흥미로웠던 점이
있다. 바로 불륜이 발각되었을 때 남성보다 여성이 더 많은
비난을 받는다는 것이다. 그리고 불륜에 대한 비난에 더 열
을 올리는 쪽도 여성이었다. 남성의 불륜 사건은 비교적 빨
리 잊히고 다른 남성들의 비난도 거세지 않다. 하지만 여성
의 불륜은 보다 크게 다뤄지고 다른 여성들의 비판의 목소
리도 크다.

여성의 불륜에 대한 비판이 더 강한 것은 성차별이라는

지적이 있다. 그러나 무임승차자와 생크션의 관계성에서 따지면, 여성에 대한 비판이 강한 것은 불륜이라는 무임승차를 했을 때 여성이 얻는 이점이 더 크기 때문이라고 볼 수 있다.

앞에서 이야기한 것처럼, 아내가 불륜 상대의 아이를 출산하면 남편은 자신의 DNA를 갖지 않은 아이를 위해 상당한 금전적, 시간적 비용을 지불하고 양육해야 한다. 한편 다른 남자의 아이를 출산한 아내는 남편의 친자식이 아니라는 사실이 드러나지 않는 한, 남편과 불륜 상대 모두에게 버림받을 일은 없다. 게다가 불륜이 발각되어 이혼을 해도 불륜 상대에게 양육비 등의 원조를 받을 권리가 있다. 아내의 불륜은 남편에게는 부담이 크고, 아내 당사자에게는 적은 것이다.

그럼 남편의 불륜은 어떨까? 불륜 상대 여성에게 자원이 흘러가기 때문에 원래라면 아내나 자녀가 받을 애정과 금전이 감소한다. 아내로서는 당연히 얻을 것이 손에 들어오지 않는다는 의미에서 기회 손실이 생긴다. 그렇지만 불륜의 피해를 입은 아내가 비용을 추가로 부담해야 하는 것은 아니고, 자신의 DNA를 갖지 않은 아이를 키워야 하는 상황까지 치닫지도 않는다. 배우자의 불륜으로 인한 아내의 손실은 남편의 손실만큼 크지 않은 것이다.

그러나 이것은 어디까지나 손실과 이득이라는 계산의 관점일 뿐이다. 실제로 여성은 옥시토신의 기능이 남성보다 활발하기 때문에 남편의 배신에 격렬하게 분노할 때가 많다. 또한 불륜이 발각된 남성에 대해 동성으로부터 비판이 적은 이유는 사회적 신용과 지위를 잃고 양육비나 위자료를 지급하는 등의 대가를 치렀기 때문에 그것으로 이미 생크션이 행해졌다고 여기기 때문이다.

질투를 산 국회의원의 불륜

하지만 남성의 불륜이 여성에 비해 언제나 관대하게 다뤄지는 건 아니다. 예를 들면 아내가 임신 중일 때 다른 여성과 불륜을 저지른 국회의원은 큰 비난을 받았고 2016년 2월에 의원직에서 사퇴했다. 국회의원이 임기 중 불륜이라는 사생활로 인해 사직한 것은 일본에서 전대미문의 사태였다.

　그 전직 의원의 경우 아내가 임신 중이었다는 사실 외에도 비난을 받을 만한 요소가 여럿 있었다. 우선 남성 의원으로서는 처음으로 육아 휴직을 하겠다고 선언하며 '육아남'인 척했다. 그 몇 년 전에 유력한 국회의원의 딸과 결혼했다가 이혼했는데 당시에도 여자 문제가 원인이었다. 또한 아내가 조산 위기였는데도 불구하고 집으로 성인 모델을 끌어들였다. 방송국의 취재를 피하기 위해 국회에서 줄행랑을 치는 모습도 보였다. 이런 점들이 무임승차자의 행동으로 여겨지면서 생크션을 원하는 여론을 들끓게 만들었다.

　하지만 이 전직 의원을 '생물로서의 수컷'으로 생각한다면 그의 행위는 지극히 합리적이다. 임신 중인 암컷은 새로운 새끼를 만들지 못하므로 수컷은 다른 암컷을 찾는다. 이것은 생물 세계에서는 일반적인 행동이다. 그러나 인류는 다른 생물과는 차별된 규범을 가지고 있다. 이 전직 의원의 행동이 다른 생물 수컷으로서는 당연하다고 해도 인간 사회에서는 결코 정당화될 수 없다.

　이 사건보다 더욱 격렬했던 것은 2017년 9월에 있었던 여성 의원의 불륜 스캔들이었다. 이때는 같은 여성들의 맹비난이 두드러졌다. 고학력, 높은 지위, 단란한 가정을 가진 '성공한 여성 이미지'가 다른 여성들의 질투심을 더욱 자극해서 무임승차자 색출 기능에 걸린 건 아닐까.

출산과 육아 때문에 경력을 단념한 주부는 '나는 일을 포기했는데 저 사람은 국회의원이면서도 불륜을 저질러?'라는 생각이 들었을 것이다. 독신 여성이라면 '나는 결혼도 못했는데 저 사람은 자기만 혼자 즐겨?'라는 마음을 품었을지 모른다.

그 여성 의원은 뮤지컬 아역 배우 출신이자 전직 검사로서 청렴한 이미지를 가지고 있었다. 또한 '어린이집 선발에 떨어졌다. 일본은 죽어라'라는 제목의 블로그 게시물을 국회에서 소개하며 주부들에게 한발 다가가는 모습을 보였다. 무엇보다 앞에서 소개한 남성 전직 의원의 불륜이 발각되었을 때 이 여성 의원은 텔레비전 프로그램에서 그의 행위를 호되게 비판했다. 바로 이런 점들이 비난에 박차를 가하는 요인이 되었을 것이다.

또한 이 여성 의원의 불륜은 평범한 여성들의 눈에 '일반 여성에게는 불가능한 쾌락'을 향유한 것처럼 비쳤을 게 틀림없다. 남성과 비교할 때 여성의 불륜이 상대적으로 손실이 적다고 해서 적극적으로 불륜을 할 수 있는 건 아니다. 가슴속 한구석에 '설레는 연애를 다시 해 보고 싶다'거나 '남편과의 섹스가 만족스럽지 않다'는 마음을 품고 있어도 금전, 시간, 인간관계 등 다양한 장해가 있어서 쉽게 불륜을 저지를 수 없다.

그런데 이 여성 의원은 불륜 상대의 자동차에 동승하여 일주일에 네 차례나 호텔을 드나들었다고 보도되었다. 사실 관계의 진위는 제쳐 두더라도 일반 여성의 눈으로 이 보도를 접하면, 그녀는 여러 장해를 아주 가볍게 뛰어넘어 불륜을 즐긴 것처럼 보인다. 그래서 여성 의원의 행동은 질투를 유발하고 생크션의 대상이 된 것이다.

시대와 함께 변하는 공동체의 성향

무엇이 생크션의 대상이 되는가는 그 공동체의 성향에 따라 달라진다. 유럽이나 미국처럼 개인주의가 강한 사회에서는 일본처럼 불륜에 대한 생크션이 일어나기 어려울 것으로 보인다. 1998년 미국의 빌 클린턴 대통령의 불륜이 발각되었을 때 강력한 비난이 거듭되었지만 더 큰 문제가 된 것은 불륜 자체보다 법정에서의 위증이었다. 1981년 프랑스의 프랑수와 미테랑 대통령이 취임한 직후 한 기자가 여성 문제와 관련된 질문을 던지자 "그래서요?"라고 받아넘긴 일화는 너무도 유명하다.

일본에서도 시대에 따라 생크션의 양상은 전혀 다르다. 이토 히로부미, 이노우에 가오루, 야마가타 아리토모 등 유신의 공로자들의 방탕함은 지금까지도 거론되고 있지만, 그것이 원인이 되어 실각한 인물은 없다. 전후였던 1949년 소노다 스나오 의원과 마쓰타니 덴코코 의원의 당파를 뛰어넘은 불륜은 '백악白堊의 사랑'으로 화제가 되었는데, 임신 사실이 밝혀진 후 기자 회견에서 소노다 의원이 했던 '엄연한 사실'이라는 말이 유행어가 되기도 했다. 흔히 말하는 '속도위반 불륜 결혼'이었는데 당시에는 상당히 충격적인 사건이었다. 하지만 맹비난을 받거나 의원직을 사퇴하는 위기는 없었다.

트렌드는 10년 단위로도 크게 변한다. 지금의 주간지들은 불륜 보도를 많이 다루지만 불과 10여 년 전에는 정치가나 기업 스캔들의 비중이 훨씬 더 컸다. 이런 트렌드의 변화만 봐도 인간의 사회성은 뇌로부터 논리적으로 구축되는 게 아니라 매우 감정적인 동기 부여를 받는다는 사실을 알 수 있다.

뇌내 물질과 포퓰리즘의 관계

이미 설명한 것처럼 질투라는 감정은 무임승차자를 색출하는 수단으로 이용된다. 생크션을 보다 강력하게 작동시키는 요소는 옥시토신으로 인한 내집단 편견과 외집단 동질성 효과다.

이 둘은 우리의 일상 곳곳에서 흔히 찾아볼 수 있다. 예를 들면 일본의 우익 네티즌들은 아베 신조 총리를 매우 좋아한다. 그리고 미국의 도널드 트럼프 대통령을 지지한다. 트럼프 대통령은 일관되게 '미국 우선주의'를 펼치고 일본의 이익에 관해서는 아무런 고려를 하지 않는 것 같다. 하지만 우익 네티즌은 자신감이 넘치고 직설적인 화법을 쓰는 트럼프 대통령의 발언을 좋아한다. 그리고 그들은 중국과 한국을 몹시 싫어한다.

아마도 그들의 뇌 속에는 아베 신조, 트럼프 대통령, 개헌파는 선하고 중국, 한국, 북한, 호헌파는 악하다는 편견이 정착되어 있을 것이다. 아베 총리가 선거 연설을 하는 도중 야유를 받았는데 그들을 향해 '이런 사람들'이라는 표현을 쓴 적이 있다. 이것 역시 무심코 안(내부)과 밖(외부)을 구분 짓는 의식이 표출되어 버린 것이다. 이런 행동은 옥시토신의 작용이 강한 사람들에게서 자주 나타나는 행동 패턴이다.

자원이 부족한 환경에서 사는 사람일수록 안과 밖을 구별하고 밖을 적으로 규정해 주며 이를 공격하자고 주장하는 정치가에게 맥없이 넘어갈 가능성이 크다. 집단 내부 사람의 관점에서 배외주의(쇼비니즘)는 자기에게 이익을 가져다주는 행동으로 보인다. 자기 집단에 이익을 가져오기 위해 외부를 공격하는 것처럼 보이기 때문이다. 그로 인해 옥시토신의 작용이 강해지고, 점점 더 내집단 편견과 외집단 동질성 효과가 강해지는 순환이 생겨난다.

　멕시코나 유색 인종에 대한 발언에서 알 수 있듯이 트럼프 대통령은 외집단에 대한 위협을 교묘하게 이용한다. 그러면 자기 지지자들의 결속력이 높아지는 걸 잘 알고 있기 때문이다. 하지만 실제로 트럼프 대통령 본인은 대자산가이며 궁극적으로는 자산가에게 유리한 정책을 추진하려는 것뿐일 수도 있다.

　이런 시스템을 정치에 잘 활용하는 사람은 트럼프 대통령만이 아니다. 러시아의 블라디미르 푸틴 대통령, 중국의 시진핑 국가주석, 북한의 김정은 위원장, 이슬람 원리주의 지도자 등 많은 예를 찾을 수 있다.

　'포퓰리즘'이라는 말로 뭉뚱그려진 전 세계적 풍조의 배후에는 이렇게 뇌내 물질이 관여하는 사회적 배제와 생크션의 메커니즘이 있다는 것을 알면 좋을 것이다.

혐오와 비난을 조장하는 유전자

배외 감정을 분석하는 데 있어서는 옥시토신뿐 아니라 세로 토닌의 작용도 눈여겨볼 필요가 있다. 왜냐하면 옥시토신 과 세로토닌은 서로 긴밀하게 영향을 주고받기 때문이다.

세로토닌은 심신 안정과 마음의 평화를 일으키고 분노와 불안 같은 감정을 억제하는 신경 전달 물질이다. 그런데 세 로토닌 신경 세포의 일부에는 옥시토신 수용체가 있다. 가 나자와대학교 의학부속병원 신경정신과의 히로사와 데쓰 부교수의 연구 팀이 실시한 연구에서 자폐 스펙트럼 장애 환자에게 옥시토신을 투여하면 뇌 속의 세로토닌이 증가한 다는 사실이 확인되었다. 또한 옥시토신이 감소하면 세로 토닌도 감소한다고 볼 수 있는 결과도 나왔다.

앞에서 설명했지만 동아시아 나라 사람들은 다른 지역 사람들에 비해 세로토닌을 재흡수하게 만드는 단백질인 세 로토닌 수송체 유전자가 SS형인 사람이 많다.

세로토닌 수송체 유전자가 LL형인 사람은 세로토닌을 효율적으로 사용할 수 있어서 위험을 두려워하지 않고 야

심차며 낙관적으로 행동한다. 반대로 SS형인 사람은 상대적으로 세로토닌이 감소하기 쉬워서 불안 경향이 강하고 위험에 대해 신중하다. 다시 말해 동아시아 사람들은 불확실성이나 위험 징후에 민감한 것이다.

세로토닌 수송체 유전자 비율 분포 비교 조사의 대상이 된 29개국 중에서 SS형이나 SL형을 가진 사람의 비율은 일본이 가장 높았는데 약 98%였다. 그다음이 한국으로 일본보다 약간 낮았으며 중국은 약 60%였다. 중국의 비율은 일본만큼은 아니지만 전 세계를 기준으로 보면 꽤 높은 수준이다.

이렇게 세로토닌 수송체 유전자가 짧은 형인 민족이 동아시아에 집중되어 있다는 사실은 주목할 만하다. 또한 이것이 다양한 정치·외교 상황에서 알력의 원인이 되는 것은 아닌지 추측해 볼 수도 있다.

사람은 세로토닌이 부족해지면 안도감을 얻기 위해 옥시토신을 이용한다. 스트레스를 해소하기 위해 세로토닌이 아니라 옥시토신에 의지하는 것이다.

한편 옥시토신은 내집단 편견과 외집단 동질성 효과를

높여 주는 작용을 한다. 이로 인해 스트레스 해소와 배외 감정 고조가 긴밀하게 연결된다고 볼 수 있다.

옥시토신의 작용으로 배외 감정이 고조된 공동체에서는 불륜을 저지른 사람 같은 무임승차자를 발견한 경우 과도하게 비난할 것이다. 그렇게 불륜을 비난함으로써 스트레스를 해소하는 것이다. 언론이 집요하게 불륜을 공격하는 이유는 이를 통해 스트레스를 해소하고자 하는 대중의 수요가 있기 때문이다.

이것은 비단 불륜에만 국한되지 않는다. 중국이나 한국의 반일反日 활동가는 일본을 비난할수록 결속이 강화된다. 일본의 우익 네티즌도 재일 한국인을 배척하자고 외치면서 쾌감을 느낀다. 이런 현상에도 세로토닌 부족과 옥시토신 과잉이 연관되어 있을지 모른다.

동조 압력이 높을수록 일탈은 없다

불륜에 대한 강한 비난에는 공동체의 규칙으로부터의 일탈을 용납하지 않는 '동조 압력'도 작용한다. 일본은 다른 나라에 비해 동조 압력이 높은 사회로 지적받을 때가 많다. 과연 실제로는 어떨까?

동조 압력에 대한 다음과 같은 실험이 있었다. 먼저 피험자에게 어떤 과제를 내준다. 실험자는 피험자에게 과제를 수행할 때 지켜야 할 규칙을 알려 주는데 이는 틀린 규칙이다. 그리고 피험자가 과제를 해 나가는 과정에서 '아무래도 이상하다'라고 알아차릴 수 있도록 설정한다.

이 실험 결과, 피험자의 반응은 2가지로 나뉘었다. '아마 규칙 설명을 잘못했겠지만 지시받은 대로 하자'는 반응과 '규칙 설명이 잘못됐으니 원래 올바른 규칙으로 하자'는 반응이다. 두 그룹의 유전자를 비교했더니 도파민 분해 효소의 단일 염기 다형성에서 차이가 있었다. 분해 효소의 염기 중에서 하나가 달랐던 것이다. 단 하나의 염기 차이로도 분해 효소의 활성도가 달라지기 때문에 전두엽의 도파민 양이 얼마나 빨리 감소하고 얼마나 많이 남느냐 하는 차이를 낳은 것이다.

도파민이 빨리 감소하는 사람은 매사를 스스로 결정하는

데서 쾌감을 느끼는 유형이 아니다. 그러므로 타인에게 받은 지시나 규칙에 의문이 생겨도 일단은 지시대로 하자고 판단한다. 동조 압력에 휩쓸리기 쉬운 것이다.

한편 도파민이 잘 남는 사람은 매사를 스스로 결정하는 데서 쾌감을 느낀다. 과제 도중에 아무래도 설명이 잘못된 것 같다는 생각이 들면 적극적으로 수행 방법을 바꿔 나간다. 이쪽은 동조 압력에 쉽게 휩쓸리지 않는다.

의존과 생존의 상관관계

일본을 포함한 동아시아 사람들 중 70% 이상은 도파민이 빨리 감소하는 타입의 유전자를 가지고 있다. 반대로 도파민이 잘 줄어들지 않는 사람은 30% 이하다. 이 차이는 일상이나 성격에서 크게 드러나지 않지만 '스스로 메뉴를 결정하는 게 어렵다, 남이 정해 주는 걸 먹는 게 편하다' 정도의 차이는 확실하게 생긴다. 이 실험 데이터를 보면 역시나 일본인은 타인의 지시에 쉽게 따른다. 그래서 일본 사회는 동조 압력도 높다.

어떻게 된 영문인지 모르지만 세계에서 도파민이 잘 남는 유전자를 가진 사람이 다수인 지역은 유럽뿐이다. 또한 도파민이 빨리 감소하는 타입의 비율은 40% 이하다. 이 데이터로 추측할 때 유럽은 동조 압력에 따르면 생존이 불리한 환경 내지는 스스로의 판단에 의지해 식량을 구하는 쪽이 생존에 유리한 환경이었을 것이다. 예를 들면 유럽의 전통적인 농작물은 밀인데 밀농사는 벼농사만큼 집단적인 규율을 요구하지 않는다. 또한 중세 시대의 유럽에서 수많은 모험가가 탄생하고, 식민지를 개척해 제국주의로 발전해 나간 것도 '스스로 규칙을 정하고 싶은' 경향성과 관계가 깊다.

대조적으로 동아시아, 특히 유교 문화권에서는 오히려 지배를 받는 기쁨이 자유를 누리는 기쁨보다 컸다. 유교 문화권에서는 엄연한 화이질서華夷秩序 아래서 스스로 새로운 학문을 개척하는 것보다 권위 있는 고전을 충실하게 암기하는 것이 지배 체제의 초석이었다.

지리적·기후적 조건을 고려할 때 쉽게 지배를 당하거나 지배받는 걸 선호하는 쪽이 생존에 더 유리한 환경에서는 유교적인 도덕관념이 정착하기도 쉬웠을 것이다. 그러한 공동체 속에서는 전통적인 가족의 형태가 가부장제였고, 혼외자식은 차별받았다.

    다음 5장에서는 다시 연애, 결혼, 출산의 관계에 대해 고찰해 보기로 하자.

5장.

기하에 불붙은 사람들이 가지지 않은 거라면

결혼과 불륜, 어느 쪽이 이득일까?

현대 일본 사회에서 결혼은 합리적인 선택일까? '어떻게 해야 자손을 더 많이 남길 것인가'라는 목적을 고려한다면 일부일처, 일부다처, 다부다처, 일처다부, 어떤 형태라도 그 사회에서 허용하는 혼인을 하는 것이 누구와도 맺어지지 않는 것에 비해 당연히 유리하다.

'한 입은 굶어도 두 입은 굶지 않는다'는 옛말이 있다. '독신으로 사는 것보다 가정을 이루는 편이 경제적 부담이 덜하다'는 의미의 속담이다. 그러나 현대 일본 사회에서는 '결혼하면 오히려 부담해야 할 비용이 커진다'고 느끼는 젊은 이가 늘어나고 있다.

저소득층 남성이 고소득층 남성에 비해 결혼을 못 한다는 사실은 널리 알려져 있다. 가정을 이루는 쪽이 경제적 부담이 덜하다면 저소득층일수록 결혼 비율은 높아져야 할 테지만 현실은 그렇지 않다. 결혼에 이르기까지 교제, 연애, 결혼식, 결혼 이후의 생활에 큰 비용이 들기 때문에 결혼을 하지 않는, 혹은 못 하는 것이다.

앞서 빈부 격차가 큰 환경에서는 경제력 있는 남성이 복수의 여성의 생활 부담을 떠맡는 일부다처가 합리적인 선택일 수 있다고 설명했다. 현대 일본도 고소득층 남성에게 여러 여성의 구애가 집중된다는 점에서 빈부 격차가 확대되었다고 말할 수 있을 것이다.

한편 여성의 경우, 연봉이 높은 직업일수록 미혼율이 높은 경향이 있다. 일본 총무성의 《취업 구조 기본 조사》 보고를 바탕으로 교육사회학자 마이타 도시히코 씨가 연봉과 미혼율의 상관관계를 조사한 결과다.

이런 결과가 나온 데에는 다양한 이유를 생각해 볼 수 있다. 무엇보다 일본에서는 직장 내 출산 휴가, 육아 휴직 제도가 불충분하다. 그래서 고소득 여성일수록 결혼을 하면 잃는 것이 많다. 게다가 임신과 출산을 하고 난 뒤 현재의 일터나 비슷한 연봉을 받을 수 있는 일로 과연 복귀할 수 있을지 전망도 어둡다. 따라서 고수입 여성들은 자연스럽게 '결혼하면 미래의 불확실성과 손해가 커진다'고 여기게 된 것이다.

기혼 남성은 오래 살고, 불륜 남성은 일찍 죽는다

눈을 돌려, 결혼과 미혼 중에서 어느 쪽이 오래 살 수 있는지 살펴보자. 국립사회보장 인구문제연구소의 《인구 통계 자료집》에는 1955~1995년까지 '성별·배우자 관계별 20세·40세 때 평균 남은 수명' 조사 내용이 있다. 이 조사의 대상은 미혼, 유배우자(기혼), 사별, 이별로 나뉘는데 가장 최근인 1995년 데이터를 보면 20세든 40세든 남녀 모두 배우자가 있는 경우 평균 남은 수명이 가장 길었다.

40세 때 남은 수명을 비교해 봤더니 남성의 경우 미혼자 30.24년, 유배우자 39.06년, 사별 34.95년, 이별 28.72년이었다. 여성의 경우는 미혼 37.18년, 유배우자 45.28년, 사별 43.32년, 이별 40.49년이었다. 반려자와 헤어진 남성의 평균 수명이 가장 많이 짧아진 것이다.

이러한 경향은 일본에만 국한되지 않는다. 2012년에 실시한 미국 로체스터공과대학교의 연구에서 '아내를 먼저 떠나보낸 남성은 평균보다 빨리 죽을 가능성이 30% 높다'는 결과가 나왔다.

또한 도쿄대학교 대학원의 곤도 나오키 부교수가 하버드 대학교 대학원생과 함께 실시한 연구에서도 남녀 모두 배우자가 먼저 세상을 떠나면 더 빨리 사망하는 경향이 있었다. 다만 남녀를 구분하여 조사하면 남성의 경우 사망 위험이 23% 증가했으나 여성은 불과 4% 증가에 그쳤다. 배우자가 세상을 떠났을 때 여성은 타격을 덜 받는다는 사실이 밝혀진 것이다.

3장에서 소개한 해리 할로나 프리드리히 2세의 실험에서도 알 수 있듯이 인간은 면역 기능을 충분히 발휘하기 위해서라도 다른 사람과의 접촉이 필요하다. 고독한 생활은 치매 발생 위험을 높이기도 한다.

유독 독신 남성의 수명이 짧은 이유는 배우자가 없으면 식생활과 일상에서 건강에 부주의해지기 쉽기 때문이다. 하지만 그보다 더 큰 요인은 선천적으로 남성이 여성보다 커뮤니케이션에 서툴고 나이를 먹은 후 새로운 관계 형성도 잘 하지 못하기 때문이다.

반면 여성은 남편이 없어도 가정 밖에서 인간관계를 잘 형성하기 때문에 웬만해서는 심각한 타격을 입지 않는 것

같다. 여성은 배우자와의 사별이나 이별 때문에 받는 영향이 남성보다 약하지만 그래도 유배우자의 평균 수명이 다른 경우보다 더 길고 특히 미혼과 유배우자의 평균 수명은 약 8세 정도 차이가 난다. 그러므로 역시 결혼 생활을 계속하는 편이 장수에 더 이롭다.

불륜을 저지르는 남성은 일찍 사망하는 경향이 있다. 그 원인에 대해 연구자들은 '복수의 이성을 동시에 사랑하는 것은 육체적·정신적 부담이 크기 때문'으로 추측하고 있다. 특히 젊은 여성과 불륜을 하면 일찍 죽을 확률이 더 높아진다.

한편 불륜을 저지르는 여성의 수명이 짧아진다는 연구는 찾아볼 수 없지만, 비밀리에 관계를 이어 가는 부담은 여성에게도 당연하다. 질투의 대상이 된다거나, 관계의 중간에 끼어 이러지도 저러지도 못하거나, 주위에 들키지 않도록 조심해야 하는 등 심리적 부담과 압박이 클 수밖에 없다. 하지만 그런 곤란과 긴장을 이겨 내고 얻는 쾌락이기 때문에 불륜에 더더욱 빠져드는지도 모른다.

지금까지 살펴봤을 때 불륜은 합리적인 행동이라고 할

수 없다. 순수하게 생물로서의 손익을 따져 보더라도 생존 확률이 높아지거나 자손을 늘릴 확률이 높아지지 않는다면 합리적인 행동으로 간주할 수 없기 때문이다.

농경이 시작되기 이전의 인류에게는 난혼이 더 효율적으로 자손을 남길 수 있는 방법이었을지 모른다. 그러나 일부 일처제가 뿌리를 내린 현대 일본 사회에서는 불륜을 하는 남성은 수명이 단축되는가 하면, 남녀를 불문하고 불륜 상대와 자녀를 가지는 건 곤란하다. 일본의 혼외 자녀 비율은 전체 아이들 중에서 2.3%에 불과하고 세계적으로 봐도 한국(1.9%)의 뒤를 이어 가장 낮다. 게다가 임신 중절 수술 비율도 매우 높다.

불륜은 현대 사회에서 현명한 선택이라고 할 수 없다. 그럼에도 불구하고 불륜으로 치닫는 사람이 이토록 많다는 사실은 역시 우리의 유전자와 뇌 구조가 일부일처제와 맞지 않는다는 명쾌한 증거가 아닐까.

나는 절대 들키지 않을 것이라는 믿음의 위험

최근 들통이 난 저명인의 불륜 스캔들 중에 매우 대담한 행동이 화제를 모았다. 신칸센 기차 안에서 손을 잡은 채 잠이 들기도 하고, 스마트폰에 저장했던 사진이 유출되기도 한 것이다.

2017년 불륜이 보도된 재선 중의원은 불륜 상대 여성과 하와이에서 결혼식까지 올리며 사진을 찍는가 하면, 한밤중에 그 여성의 집에 몇 번이나 쳐들어가서 경찰이 출동하기도 했다. 게다가 다른 여성 의원과 '양다리'를 걸쳤는데 이 스캔들이 세간에 알려지자 그 여성 의원의 사무실 팩스로 언론 기관에 관계를 부정하는 해명 자료를 보내는 등 자폭으로밖에 보이지 않는 행동을 거듭했다. 결국 그것이 걸림돌이 되어 그 중의원은 입후보를 단념했고 양다리 여성 의원은 낙선했다.

'나는 남들과 달리 조심성이 많아서 절대 안 들킨다, 혹여 들키더라도 잘 빠져나갈 수 있다'는 자신감을 가지고 불륜 관계를 계속하는 사람이 많다.

이것은 위기가 닥쳐오는데도 '나만은 괜찮다'고 굳게 믿어 버리는 정상화 편향normalcy bias의 한 변주라고 할 수 있다.

정상화 편향은 인간의 인지 왜곡 현상 중 하나다. 인간의 뇌는 가능한 한 부담을 피하려 하기 때문에 규모가 작은 이상 사태는 '정상'으로 인지하도록 설계되어 있다. 작은 변화에도 일일이 과민하게 반응한다면 그만큼 에너지를 낭비하게 돼 버려서 뇌도 신체도 감당하기 힘들어진다. 그런 점에서 정상화 편향은 우리가 일상생활을 영위하는 데 필요한 것이기도 하다.

그런데 심각한 재난 때에는 이것이 마이너스로 작용하는 경우가 자주 있다. 예를 들면 눈앞에서 불길이 닥치거나 대지진이 발생했는데도 '정상 범위 이내'라고 간주해 버려서 늦게 도망치는 것이다. 실제로 2011년 동일본 대지진이나 2005년 허리케인 카트리나가 미국 남부를 덮쳤을 때 정상화 편향이 작용해 피해가 확대되었다고 많은 방재학자의 연구가 지적하고 있다.

낭만적 사랑 이데올로기의 함정

현재의 일부일처제 안에서 결혼은 연애를 전제한다. 또한 섹스는 사랑해서 결혼한 상대와 하는 것이 당연하고, 마땅히 아이를 가져야 하며, 그 이외의 연애나 생식은 이상하고 그릇된 것으로 간주한다. 연애와 결혼과 생식을 나눌 수 없는 삼위일체로 여기는 사고방식을 사회학자들은 '낭만적 사랑 이데올로기'라 일컫는다.

그러나 이런 생각은 그야말로 이데올로기에 지나지 않는다. 이 책에서 살펴본 것처럼 연애와 결혼은 결코 임신·출산을 위한 필수가 아니다. 연애나 결혼을 하지 않고도 인류는 얼마든지 자손을 남길 수 있다. 우리는 현재 '연애→결혼→생식'의 흐름을 당연하게 여기지만 실은 시대에 따라 크게 변화되어 왔다.

기원전 9세기, 스파르타의 정치가였던 리쿠르고스는 생식 능력이 없는 고령의 남성이 자신의 젊은 아내에게 다른 젊은 남자를 소개하고 그렇게 생긴 아이를 자녀로 받아들이는 것을 허용했다. 또한 당시에는 많은 자녀를 둔 남자에게 그 아내를 '빌려 달라고' 부탁할 수 있었다. 그녀로 하여 금 자기 아이를 낳게 하기 위해서 말이다.

고대 그리스는 호메로스 무렵부터 일부일처제가 기본이 었지만 본처의 역할은 자녀를 낳는 것뿐이었다. 남편은 쉽 게 이혼을 제기할 수 있었고 대부분의 유복한 시민은 내연 의 처를 두고 함께 살았다.

고대 로마에서의 결혼은 쌍방의 합의로 이뤄지는 것조 차 아니었다. 따라서 아내는 경시되었고 남편은 여성 노예 나 소년을 성적 대상으로 삼아도 상관없었다. 아우구스투 스 황제는 귀족 계급의 본처 출생률 저하와 여성 노예의 출 산 건수 증가, 젊은이의 유곽 출입을 문제라고 여겨 간통을 처벌하는 법을 만들었을 정도다.

그러나 농경이 확산되고 집단 농사 작업에 적합한 공동 체를 만들게 된 후로 인간 사회에서는 일부일처제 결혼이 주류가 되었다. 314년 콘스탄티누스 황제가 기독교도가 되 어 일부다처를 폐지했고 그 후로 유럽의 많은 나라에서 일 부일처를 의무화했다. 하지만 실태는 어땠느냐면 지배자 계 급을 중심으로 사회 곳곳에서 일부다처가 계속되었다. 그래서 '결혼→생식'의 흐름이 굳어진 가운데에도 여전히 '연애'는 연결되지 않았다.

중세 시대가 되자 기독교식 결혼에 부부 쌍방의 합의가 필요해졌다. 그 영향으로 육체의 해방과 쾌락 추구가 르네상스로 이어졌다. 16~18세기에 걸쳐 연애결혼이 민중에서부터 상류층까지 퍼지면서 성적 방탕도 번져 나간 것이다.

그 후 연애와 결혼과 생식은 삼위일체라는 이데올로기가 꽃을 피웠다. 낭만적 사랑 이데올로기는 다양한 예술을 낳았고 오늘날에도 중요한 예술적 주제로 다뤄진다. 그런데 제2차 세계 대전 이후 돌연 여성 해방 운동이 일기 시작했다. 그리고 이 삼위일체의 환상은 페미니스트들로부터 공격을 받았다.

반면, 일본을 포함한 동양에서 결혼은 집안끼리 이뤄지는 것이었다. 양가의 번영이 끝없이 이어지도록 남성 쪽의 혈통을 지키고 유산을 확실하게 상속하기 위한 것이었다. 근대 이후에도 결혼 방법은 맞선이 주류였다. 그런 한편으로 일본에는 '요바이' 같은 분방한 성 풍습이 있는가 하면, 연애와 결혼과 임신·출산의 형식과 목적을 절묘하게 구분하여 활용했다. '결혼→생식'이라는 흐름에 '연애'가 추가된 것은 전후 베이비 붐 세대에게 연애결혼이 유행한 후다.

결혼과 생식의 균형은 오늘날에도 나라와 민족에 따라 크게 다르다. 예를 들면 태곳적 잉카인을 비롯한 여러 문명, 그리고 오늘날 뉴기니의 바루야족, 미얀마의 카챠족은 독신 생활이 사실상 금지되어 있고 결혼하지 않는 사람은 성직자나 샤먼 등으로 한정된다. 그들은 공동체를 유지하기 위해 결혼과 임신·출산을 연결시킨 것이다. 그런가 하면 서양에서는 고대부터 근대까지 부부 사이의 연애 감정을 중요하게 여기지 않았고, 배우자를 성적 쾌락을 공유하는 파트너로도 여기지 않았다.

어쨌든 결혼에는 마땅히 그래야 하는 '진정한 형식' 따위는 애당초 없는 것이다.

목적이 없는 순수한 연애의 아름다움

생식과 연애가 별개라는 주장의 근거로 '생식이 목적이 아닌 연애'에서야말로 연애의 본질적인 아름다움을 발견할 수 있다는 관점이 있다.

미소년끼리의 사랑을 그린 소설로 유명한 구리모토 가오루는 "야오이(주로 여성들이 창작하는 남성 동성애물―옮긴이)가 왜 여성들에게 인기가 많을까? 야오이 속 연애에는 생식이 없기 때문"이라고 지적했다. 1980년대까지 '야오이'라고 불렸던 미소년끼리의 연애물은 지금은 '보이스 러브Boys Love, BL'라고 불린다.

섹스로 인해 원치 않는데도 임신을 해 버리는 육체를 타고난 여자들은 사춘기 때 자기 육체에 당혹감을 느끼고 생식과는 동떨어진 순수한 연애를 동경하게 된다. 그래서 미소년끼리의 연애를 순수하고 아름답다고 느끼는 것이다.

BL을 애호하는 사람들 중에는 "BL을 남자와 남자의 진정한 연애라고 생각하지 않는다. 작품에 등장하는 남성은 생식하지 않는 존재라는 '기호'다"라는 의견도 있다. 생식과 연애는 별개이며 생식과 동떨어진 연애에는 순수한 연애의 아름다움이 있다고 여기는 것이다. 바로 그런 이유로 BL에는 뿌리 깊은 수요가 있다고 지적한다.

생식이나 결혼에서 벗어나 순수한 연애의 가치를 묘사하려는 시도는 BL만이 아니라 일본의 고전 문학에서도 찾아볼 수 있다. 대표적인 예가 《겐지 이야기》다. 겐지 씨는 처음 만났을 때 열 살이었던 무라사키 노우에를 첩으로 들인 후 키워서 아내로 맞이한다. 하지만 무라사키 노우에는 아이를 낳지 않았다. 그 후 황족인 온나산노미야가 겐지 씨에게 시집을 온다. 하지만 그에게 그녀는 사회적·경제적 지위를 유지하기 위한 '트로피 와이프(성공한 중장년 남성이 어렵게 얻은 젊고 아름다운 아내를 일컫는 말)' 같은 존재라 연애 감정이 없었다. 그 결과 온나산노미야는 다른 남자인 가시와기와 정을 통했고 그 결과 가오루라는 아이가 태어났다.

당시의 귀족 사회에서 아이를 낳는 역할은 신분이 낮은 여자에게 주어지는 경향이 있었다. 《겐지 이야기》에서는 기본적으로 임신이나 출산을 내세우지 않고 남녀의 연애에 초점을 맞춰 이야기를 풀어 간다. 이 책의 저자인 무라사키 시키부와 그녀의 주위에 있었던 당시 귀족 계급들은 생식을 동반하지 않는 연애를 더 아름답게 여겼을지 모른다.

연애에는 그만의 독특한 가치가 있다는 시각은 동서양,

그리고 고금을 막론한 문학 작품에서 드물지 않게 발견할 수 있다. 연애가 결혼이나 생식과는 별개의 영역임을 인류는 자연스럽게 인지했던 것이다.

연애결혼만이 정답일까?

전후 일본 사회에는 연애결혼을 바탕으로 하는 가족 구성이 기본 모델로 여겨졌다. 현재는 그 모델이 실패하여 쇠퇴에 직면했다고 말할 수 있다. 결혼하지 않는 젊은이가 급증하는 이유는 사회 전체에 '연애→결혼→생식'이 이상적인 상태로 굳어져 버렸기 때문이다.

특히 전쟁 후 민주주의가 정착됨에 따라 전통적인 가정이 부정당했다. 그 결과 맞선은 '이에 제도家制度(남성 호주 중심의 가족 제도―옮긴이)를 전제로 가정을 유지하기 위한 수단'으로써 마땅히 기피해야 할 구시대적 유물로 인식되었다. 게다가 전후 베이비 붐 세대가 결혼 적령기를 맞은 1960년대 이후, 자유연애나 프리섹스를 옳다고 보는 가치관이 고조된 영향도 있다. 그렇게 '부모나 친척에게 소개받지 않고 자유롭고 자발적으로 하는 연애가 좋다'는 인식이 커지면서 맞선은 안 좋은 이미지로 바뀌고 말았다.

혼인 형태가 맞선 결혼에서 연애결혼으로 급격하게 변화한 것은 단카이 세대(1947~1949년생)부터다. 1949년에는 연애결혼 비중이 20%에 불과했지만 1960년대 후반에는 맞선 결혼 비율과 비슷해졌고 현재는 90% 가까이를 차지한다.

다만 오늘날의 '결혼 활동(결혼을 하기 위해서 결혼 정보 업체나 동호회에 가입하는 등 적극적으로 행하는 활동)'은 남녀의 만남을 주선하는 주체가 부모나 친척, 지역 유지나 회사 상사에서 업체로 바뀌었을 뿐이라 이는 형태를 바꾼 맞선이라고 볼 수 있겠다.

그러나 결혼 활동 시장에는 연애결혼을 꿈꾸는 사람이 너무 많기 때문에 예전의 맞선 정도의 높은 확률로 결혼이 성사되지는 않는다. 그런 의미에서 연애 지상주의를 떨쳐내고 일부일처제를 완화하는 사회 분위기를 조성하면 저출산 문제를 해결할 수 있다. 이는 프랑스의 정책을 살펴보면 명확하게 알 수 있다.

초식화 사회와 회피 성향

결혼이나 생식(섹스)뿐 아니라 최근 젊은이들은 연애에서도 점점 멀어지고 있다. 소위 말하는 '초식화'다. 온라인과 같은 2차원에서 주로 살아가기 때문에 실제 오프라인 생활에서는 연인도 자식도 필요 없다는 사람이 적지 않다.

예를 들어 일본 내각부에서 발표한 2014년도 《결혼·가족 형성에 관한 의식 조사 보고서》에 따르면 현재 교제 상대가 없는 20대 남녀의 약 40%가 '애인을 원치 않는다'고 대답했다.

이것은 30대보다 약 8% 많은 결과다. 또한 '애인을 원치 않는다'고 대답한 20대 남녀들 중 과반수가 그 이유를 '연애가 귀찮다, 내 취미에 집중하고 싶다'고 대답했다.

또한 일본성교육협회는 6년마다 《청소년 성 행동 전국조사》를 실시하는데 2011년에 실시한 제7회 조사에서는 1974년 처음 조사를 시작한 이래 2005년까지 고등학생과 대학생의 키스 경험, 성교 경험 비율이 계속 상승 곡선을 그려 왔다. 하지만 2011년에는 반전되어 1993년 수준으로 돌아갔다. 이때 성교 경험 비율은 남자 대학생은 약 60%, 여자 대학생은 약 50%였다.

하지만 그런 젊은이들도 성적 쾌락을 얻고 싶어 하기 때문에 다양한 해소 수단을 찾는다. 이성과는 교제하지 않고도 성적 쾌락을 얻는 방법을 찾거나 혹은 성적 쾌락을 다른 행위를 통해 얻는 것이다. 인터넷의 발달로 인해 실제 이성을 대하지 않고도 성욕 해소가 비교적 용이해졌다는 점도 젊은이들의 초식화에 박차를 가했다.

이러한 현상의 배경에는 애착 유형이 회피형인 젊은이가 늘어났기 때문이 아닐까라고 추측해 볼 수 있다. 미국과 유럽의 회피형 애착 유형 인구 비율은 20%다. 일본의 경우 1958년 삿포로에 사는 만 1세 아기를 대상으로 실시한 조사에서 단 한 명도 없었다. 하지만 서서히 늘어나더니 미국, 유럽과 비슷한 수준이 되었고, 최근 대학생을 대상으로 한 조사에서는 약 40%까지 상승했다는 결과가 나왔다.

이는 옥시토신 수용체가 늘어나는 유아기의 환경과 관계가 있지 않을까 싶다. 요컨대 육아 환경, 스킨십에 대한 사회적 관습, 부모 자식 관계 등이 변화했기 때문이다. 미국과 유럽에서는 '아이의 독립심을 키우기 위해 갓난아기와 스킨십을 자제하고, 모유가 아닌 분유를 먹여 키우며, 울어도 가만히 내버려 두는 게 좋다'고 여겼던 시기가 있었다. 일본에서도 이것을 모방하는 풍조가 있었다.

그러나 앞서 설명한 것처럼 유아기에 엄마와 애착 형성이 원활하지 않은 아이는 육체적 건강에도 여러 가지 위험이 생긴다는 사실이 명확하게 밝혀졌다. 모자의 애착 형성에는 피부가 맞닿는 스킨십이나 촉각의 자극도 중요했던 것이다. 유럽과 미국에서는 모자의 스킨십 관습을 다시 생각하는 풍조가 널리 퍼지고 있다.

일본에서 회피형 젊은이가 늘어나는 이유는 유럽·미국형 육아가 뒤늦게 보편화된 탓이라고 볼 수 있다. 그 결과 사회성을 갖추지 못한 채 '2차원 연애'에서 위안을 찾는 젊은이가 늘어난 것이다. 그리고 사회의 틀에 맞추는 걸 꺼리고 누구와도 일정한 거리를 유지하는 관계를 맺고 싶어서 불륜이 늘어났는지도 모른다.

혼외 자녀 인정으로 저출산 문제를 극복하다

국가적 차원에서 저출산 문제를 해결할 대책으로, 연애나 결혼에 의지하지 않고 출산율을 높이는 방법을 고민하는 것이 효율적이다.

예를 들면 프랑스는 혼외 자녀에 대한 차별을 없앰으로써 출산율을 높인 성공적인 사례로 널리 알려져 있다. 프랑스에서는 이미 신생아의 50% 이상이 혼외 자녀다. 법적으로만 혼외 자녀를 인정하는 게 아니다. 모든 아이가 3세가 되면 보육 시설에 입학할 수 있고(프랑스는 일본처럼 보육 시설이 부족해 발생하는 '대기 아동 문제'가 없다), 남녀 모두 출산이나 육아 휴가를 신청할 수 있으며, 만약 이를 고용주가 거절하면 벌금이 부과되는 법률이 마련되어 있다. 또 임신과 출산 과정에 드는 의료비를 전액 국가에서 지원한다.

프랑스는 이런 정책들을 통해 자녀를 낳고 키우기 쉬운 사회를 구축했다. 그 결과 1994년에 1.66명까지 내려갔던 출산율이 2010년에는 2.00명까지 회복되었다. 혼외 자녀의 비율은 프랑스 이외의 서유럽 국가들에서도 높아지는 추세다. 영국에서도 50%에 가깝고, 상대적으로 법률이 엄격한 독일도 이미 30%를 돌파했다. 노르웨이, 스웨덴 등 북유럽 국가들도 혼외 자녀의 비율이 50%를 넘어섰다.

출산율이 상승하고 비교적 높은 수준으로 유지되는 선진국 대부분은 비적출자(혼외 자녀)의 비율이 높다. 이것은 혼외 자녀를 낳고 키우기 쉬운 환경을 조성하는 정책과 관계가 깊다. 그리고 그 배경에는 '연애와 결혼과 생식(섹스 및 임신·출산·육아)은 일체'라는 사고가 절대적이지 않다는 관점이 있다. 그렇기 때문에 이런 나라에서는 불륜에 대한 비난도 거세지 않다. 세계 곳곳에는 '여성이 임신하면 당연히 결혼해야 한다'는 가치관이 존재하지 않는 것이다. 지금의 일본인으로서는 상상도 할 수 없는 일이다.

2014년 경제협력개발기구OECD는 각 나라의 신생아 수에 대한 비적출자 비율을 조사했는데 높은 순부터 꼽자면 칠레 71.1%, 코스타리카 69.4%, 아이슬란드 66.9%, 멕시코 64.9%, 불가리아 58.8%였다. 혼외 자식 비율이 절반을 넘는 나라가 10개국 이상이었고 30%를 넘는 나라도 30개국 이상이었다. '생식과 결혼은 일체하지 않는 것'은 단순한 이론이 아니라 실태인 것이다.

불륜은 섹스와 연애를 향유하기 위한 행위인데 일본에는 여기에서 곧바로 임신·출산으로 이어지는 길이 없다. 이는 사람들의 가치관만 변한다고 해서 해결되는 문제가 아니다. 설령 불륜 상대의 아이라 하더라도 얼마든지 낳을 수 있고 키워도 되는 사회를 만드는 게 정치의 역할이다. 사회와 정치가 협동하면 연애, 결혼, 생식의 균형을 바꿔 나가는 것도 불가능하지 않다.

물론 '혼외 자녀에 대해 재산 상속을 어떻게 할 것인가'처럼 몇몇 구체적인 문제들이 발생할 수 있다. 하지만 프랑스를 비롯한 여러 나라의 예를 보면 이런 문제도 사회 제도의 변화를 통해 얼마든지 대응할 수 있다.

임신 중절을 부추기는 사회적 편견

일본에서는 인공 임신 중절이 연간 18만 건 이상 발생한다. 연간 출생 건수가 약 100만 건임을 감안하면 원래 태어나야 할 아이의 약 20%가 임신 중절로 인해 태어나지 못하는 것이다. 물론 이 비율은 세계 최상위 수준이다. 그나마 일본의 임신 중절 건수는 감소하는 추세인데 1990년대에는 연간 30만 건을 넘을 정도였다.

일본에서 임신 중절 건수가 많은 이유는 중절에 대한 종교적인 금기가 없다는 것을 들 수 있다. 하지만 아무래도 가장 큰 이유는 혼외 자녀를 키우기 힘든 사회 구조에 있다고 본다. 혼외 자녀에 대한 차별은 여전히 곳곳에 남아 있고, 사회적 편견도 엄격하다. '가정' 단위의 사고방식이 아직 남아 있기 때문에 불륜뿐 아니라 혼외 자녀에게도 생크션이 존재한다. 말하자면 혼외 '가정' 자체가 생크션의 대상이 되는 것이다.

그런 와중에 일본 사회는 저출산·고령화 문제가 심각해지고 있다. 저출산 문제 대책을 고민해야 할 이때에 불륜 비난에 열중할 여유가 있을까? 오히려 혼외 자녀를 사회적으로 허용하고, 임신한 여성이 중절하지 않고 얼마든지 출산과 육아를 선택할 수 있도록 충실히 사회 제도를 마련하는 방향을 고민해야 할 시대가 온 것이다.

결혼과 임신에 대한 새로운 가치관

그러나 인간은 생식만을 목적으로 살아가지는 않는다. 파트너십을 맺는 목적은 사람마다 다를 것이다. 이성과의 관계를 맺을 때 '끊으려야 끊을 수 없는 일심동체'로 보는 사람도 있고 '한없이 친구에 가까운 부부' 사이를 맺는 사람도 있다. 혹은 '한 달에 한 번 만나면 충분하지만 전혀 만나지 못하면 정신이 이상해져 버리는 관계'도 있을 수 있다. 이는 저마다의 자유다.

파트너의 행동에 대한 허용 범위도 사람마다 다르며, 차이가 나도 상관없다. '남편의 불륜은 용서할 수 없지만 성매매 업소 이용은 용서할 수 있다'거나 '이성과는 회식도 안 된다'처럼 그 폭이 다르다(물론 '이성과는 말도 섞으면 안 된다' 정도라면 심리적 가정 폭력으로 간주될 수도 있다).

불륜에 대한 비난이 고조되는 분위기 속에서 부부의 형태는 천차만별 다를 수 있고 이는 지극히 자연스럽다는 사실이 간과되는 것 같다.

자신과 상대의 만족도가 높은 관계를 유지하기 위한 조

건도 사람마다 다르다. 그것은 사회적 통념이 어떠니, 타인의 눈에 어떻게 보이니 하는 문제가 아니다. 어디까지나 당사자끼리의 문제다. 그런데 오늘날의 일본 사회는 그런 당연한 사실이 경시되고 있다. 그리고 매스컴이나 네티즌들은 '일부일처제는 절대적'이라는 전제하에 불륜을 격렬하게 비난한다.

'결혼이나 임신·출산에는 연애가 필수'라는 사고에서 해방된, 결혼이나 생식에서 독립된 가치를 찾아내는 사람이 얼마든지 있어도 좋을 것이다. 나아가 다양화를 장려하고, 타자의 행동에 너그러워져야 구성원이 살기 좋은 사회를 만들 수 있다. 또한 자연스럽게 자녀의 수도 늘고 그 결과 저출산·고령화 문제도 개선될 수 있다.

연애·결혼·생식을 둘러싼 모순에서 벗어나기

생리학적 관점에서도 '연애, 결혼, 생식은 따로 뗄 수 없는 삼위일체'라는 사고는 환상에 불과하다.

연애 감정이 솟구쳐 오를 때는 호기심이나 새롭고 신기한 것에 대한 적극성을 증폭시키는 도파민, 노르아드레날린 같은 물질이 뇌에서 방출된다. 또 성욕이 강할 때는 남성 호르몬인 테스토스테론이 분비되어 공격성을 촉진시킨다.

그러나 결혼 생활에 반드시 필요한, 배우자에게 온화한 마음이나 애착을 느끼면 옥시토신이 분비되어 호기심을 억제하고 공동체의 결속을 강화하는 방향으로 작용한다.

만약 연애, 결혼, 생식이 삼위일체라면 각 단계마다 같은 신경 전달 물질이 분비되어야 한다. 혹은 서로 다른 물질의 작용에 어떤 관계가 있어야 한다. 하지만 우리 몸은 그렇게 만들어지지 않았다.

누구나 연애, 결혼, 생식이 서로 얽힌 까닭에 야기되는 모순을 안고 있다. 한 사람이 연인, 아내나 남편, 가정 공동 운영자, 어머니나 아버지, 섹스 파트너라는 다양한 역할을 맡아야 하는 것이다.

거꾸로 말하면 한 명의 상대를 연인, 아내나 남편, 가정 공동 운영자, 아이의 부모, 섹스 파트너 등 각각의 역할로 대할 때 자기 자신도 그 기준에 맞춰 다른 모습을 보여 줘야 한다. 바로 이 지점이 인간으로서의 어려움이라고 해도 과언이 아니다.

우리 뇌는 그 모순들을 그럭저럭 해소하고 균형을 잡도록 만들어졌다. 하지만 그 과정에서 동반되는 고통을 만들어 내는 것 또한 우리 뇌다. 불륜에는 이런 균형 잡기의 어려움을 보완하는 기능이 있다고 볼 수도 있다.

불륜과 어떻게 공존할 것인가

다시 한 번 강조하지만, 불륜 유전자를 가진 사람이 적지 않게 존재하는 이상 앞으로도 불륜은 사라지지 않을 것이다. 또한 인간은 향사회적 동물이기 때문에 불륜에 대한 비난도 결코 사라지지 않을 것이다. 모든 문제는 이 모순에서 비롯된다. 인간은 어떤 모순을 맞닥뜨리면 '이를 해결해야 한다'고 여긴다. 그런데 불륜의 모순을 '해결한다'는 것은 과연 어떤 의미일까?

연애, 결혼, 생식을 둘러싼 문제는 옛날부터 줄곧 많은 사람을 괴롭혀 왔지만 그로 인해 다양한 문화와 예술이 탄생했다고 말할 수도 있다. 아마 이 문제를 끝까지 파고든다면 '인간으로 존재하는 고통에서 어떻게 해방될 것인가'라는 질문에까지 도달할 수 있을 것이다.

불륜을 박멸한다거나 반대로 결혼 제도를 없애는 것은 비현실적이다. 인간도 생물인 이상 이런 모순이나 과제가 야기하는 고통을 떠안고 살아갈 수밖에 없다. 모순과 어떻게 함께 살아갈 것인가, 혹은 모순을 어떻게 있는 그대로 받아들일 것인가 고민하고 행동하는 쪽이 건설적이다.

세상에는 연애, 결혼, 생식과 관련한 여러 가지 평가 기준이나 가치 규범이 있다. 인류는 이를 둘러싼 모순을 해소하지 않고도 살아갈 수 있는 구조를 수만 년 동안 만들어 왔다고 해도 과언이 아니다. 그렇기 때문에 '불륜은 악'이라고 과도하게 공격하거나 '부부는 이래야 한다'고 단정적으로 결론을 내릴 필요는 없다. 그런다고 해서 더 행복해지는 건 아니다.

인간은 극단의 모순도 껴안고 살아갈 수 있는 지혜를 발휘하는 존재이기 때문이다.

불륜을 예술혼으로 승화시킨 작가들

일본의 작가들 중에는 불륜의 모순 속에서 몸부림치며 괴로 워했던 이도 많다. 다이쇼 시대에서 쇼와 시대에 걸쳐 활약 했던 가인歌人 야나기와라 뱌쿠렌은 화족華族(작위를 가진 집 안)으로 태어났는데, 이 가문은 다이쇼 천황의 사촌 여동생 에 해당하는 명문 혈통이었다. 그녀는 불과 9세가 되던 해에 자작 지위를 가진 먼 친척 집안에 양녀로 보내졌고, 그 가 문의 후계자와 결혼해서 15세에 첫 출산을 했다. 하지만 애 정 없는 결혼 생활을 견디지 못하고 20세에 이혼하여 친정 으로 돌아왔다.

그 후 도요에이와여학교에 입학하여 훗날 번역가로 명성 을 날리는 무라오카 하나코와 친해지는데 이 이야기는 〈하 나코와 앤〉이라는 드라마로 만들어져 2014년에 NHK를 통해 방영되었다.

야나기와라는 규슈 지역의 탄광 왕 이토 덴에몬과 재혼 했다. 화족 여성이 노동자 출신의 거부 집안으로 시집을 가 는 것은 아무리 재혼이라고 해도 당시에는 충격적인 사건이었다. 그래서 많은 언론이 그녀의 재혼을 기사로 다루기도 했다.

그러나 호사스러운 일상과 달리 결혼 생활은 불행했다. 남편의 여자관계는 몹시 문란했고, 그녀는 이 문란함을 잠재우기 위해 직접 첩을 찾아 맺어 주는 등 이상하고 이해하기 힘든 생활을 이어 나갔다.

야나기와라는 단카短歌(5·7·5·7·7의 운율을 지닌 5행 31음절 형식의 일본 전통 시─옮긴이)에 몰두하며 가까스로 자기 자신을 지탱하려 애썼다. 기쿠치 간의 소설《진주 부인》의 실제 모델은 당시의 야나기와라라고 알려져 있다.

그러던 어느 날, 야나기와라 앞에 일곱 살 연하인 미야자키 류스케라는 남성이 나타났다. 그는 동인지의 편집자이자 사회운동가였다. 야나기와라는 미야자키와 불륜에 빠져 아이까지 임신하고 결국 둘은 도망치기로 결심한다. 간통죄가 존재했던 당시에 그 사건의 충격은 오늘날과 비교조차 되지 않았다. 세간에 '뱌쿠렌 사건'으로 알려지며 무시무시한 비난을 받았지만 그런데도 그녀는 미야자키와의 사랑을 관철했다.

그 후 태평양 전쟁으로 치닫는 어두운 시대에 온갖 탄압을 받으면서도 그녀는 미야자키와 함께 창작, 매춘부 지원 활동, 평화 운동에 온몸을 바쳤다. 그녀의 창작 활동이나 사회 활동은 미야자키와의 불륜이 아니었다면 힘을 얻을 수 없었을 것이다.

소설 《방랑기》의 작가 하야시 후미코, 소설 《화택의 사람》의 작가 단 가즈오도 평생토록 숱한 연애로 애를 태우고 번민했던 인물이다. 하지만 그런 모순의 고통이 있었기에 멋진 작품들이 탄생할 수 있었던 것이 아닐까.

유럽 왕실의 스마트한 불륜 기술

세계 각국의 왕실은 살아남기 위해 불륜의 모순을 교묘하게 이용하기도 했다. 1997년에 비극적인 죽음을 맞은 영국의 다이애나 왕세자비가 생전에 남긴 육성 녹음테이프가 사후 20주기인 2017년에 한 텔레비전 프로그램에서 공개되어 큰 화제를 불러일으켰다.

그 테이프에서 다이애나 비는 찰스 왕세자로부터 "제1 왕위 계승자는 모두 애인을 두었고 그것을 감추지 않았다. 그러니 나도 애인이 있어도 괜찮다" "애인이 없는 유일한 웨일스 공이 되고 싶지 않다"는 뻔뻔한 말을 들었다고 밝혔다.

찰스 왕세자는 다이애나 비와 결혼하기 전부터 친구의 아내인 커밀라 부인과 연인 관계였는데, 다이애나 비는 "시아버지인 필립 공이 찰스 왕세자에게 '혹시 결혼 생활이 잘 풀리지 않으면 5년 후에 커밀라에게 돌아가도 좋다'고 말했고, 왕세자는 그 말대로 행동했다"고 폭로했다.

커밀라 부인은 다이애나 비가 세상을 떠난 후에 영국 왕세자비가 되었다. 그런데 그녀의 증조모인 앨리스 케펠 또한 20세기 초 영국을 다스렸던 에드워드 7세의 정부였다는 뒷이야기가 있다.

앨리스 케펠은 백작 부인으로서 남편이 있었음에도 불구하고 왕의 정부情婦이자 애첩이었다. 말하자면 '직업 애인'이었는데, 당시 영국 상류 사회에서는 결혼 생활에 만족하지 못하는 귀족 부인이 사교계를 드나들며 보다 신분이 높은 남성을 잘 잡아 애첩이 되는 경우가 횡행했다. 또한 아내가 실력자의 애첩이 되면 그 남편 또한 사회적 지위를 높일 수 있는 기회를 얻기도 했다. 관점에 따라서는 실로 스마트하고 세련된 불륜 기술이라고 할 수 있겠다. 게다가 세월이 흘러 국왕과 애첩의 자손들도 비슷한 관계를 되풀이했다는 의미에서 정말 신기한 운명이 아닐 수 없다.

영국뿐 아니라 모나코, 덴마크, 스웨덴, 네덜란드 등 유럽 각국의 왕실은 이성 관계와 관련된 스캔들로 인해 자주 타격을 입었다. 그럼에도 불구하고 왕실 유지라는 의미에서 불륜이나 애인의 존재가 맡은 역할을 완전히 무시할 수는 없을 것이다.

유연한 사고방식 덕분에 유지된 일본 황실

일본 사회의 일각에서는 '황실의 측실 제도를 부활시켜야 한다'는 의견을 내놓아 큰 파문이 일었다.

천황가에서 측실이 사라진 시기는 다이쇼 시대다. 그전까지는 측실을 들이는 게 당연시되었다. 사가 천황처럼 많은 측실과 자식을 둔 천황도 있었다.

천황은 국민의 상징이며, 천황가의 형태 또한 국민의 가족 형태의 상징이다. 그런데 황통이 존속 위기에 처했다고 해서 측실 제도를 부활시키자는 것은 조금은 무모하고 현실을 무시한 주장이라고 생각한다.

물론 측실 제도를 통해 황실의 역사를 배우고 오늘날 우리의 존재나 태도를 재고해 볼 수는 있을 것이다. 황실이 오랫동안 유지될 수 있었던 이유는 황위 계승자가 없을 경우 정실이 낳은 아들이 아니더라도 계승자로 대우했기 때문이다. 이 사실은 부정할 수 없다. 만약 오늘날처럼 불륜에 대한 비난이나 혼외 자녀에 대한 차별 등의 가치 기준을 적용했다면 황실의 존속은 불가능했을 것이다.

우리는 불륜에 대한 과도한 공격에 열중할 게 아니라 황실이 배양해 온 전통적인 가치관을 통해 선인들의 지혜를 배우고, 결혼이나 가족의 양상에 대해 고민해 봐야 할 것이다.

과학의 발전으로 생식 자체가 사라질지 모른다

임신·출산·육아에 드는 비용이 이토록 많고 게다가 불륜
에 대한 비난도 심한 일본 사회에서 사람들은 앞으로 생식
자체를 하지 않을지도 모른다는 걱정마저 든다.

2017년, 이스라엘 히브리대학교의 연구자들은 최근 40년
간 유럽과 미국 등 선진국 남성의 정자 수가 절반으로 줄었
다는 결과를 발표해 전 세계에 충격을 안겨 주었다. 2006년
에는 일본 남성의 정자 수가 핀란드 남성에 비해 3분의 2밖
에 되지 않는다는 결과도 있었다. 정자 수가 줄어든 이유는
환경이나 식생활의 변화 등 다양한 요인을 떠올릴 수 있다.
생식 비용의 상승과 더불어 우리의 신체 자체가 생식하기
어렵게 변해 가는 현상은 매우 흥미롭다.

미래에는 재생 의료의 발전과 함께 생식 기술도 진보해
대리모, 인공 자궁, 유도 만능 줄기세포(iPS 세포) 등을 이용
한 클론을 만드는 게 일반적이 될지 모른다. 그것과 병행하
여 싱글 맘, 싱글 대디라도 아이를 키우기 좋은 환경이 마련
되면 생식 비용은 얼마든지 낮아질 것이다.

한편 그리 멀지 않은 미래에 살아 있는 이성을 대체하여 섹스의 쾌락이나 연애 감정을 얻을 수 있는 방법이 등장할 것이다. 뇌 과학의 비약적인 진보에 힘입어 뇌의 어느 부위를 자극하면 구체적인 이미지를 동반한 쾌감을 얻을 수 있는지 그 메커니즘이 빠르게 밝혀지고 있기 때문이다. 또한 인공지능이 발전함에 따라 현실의 미녀, 미남의 데이터가 축적되고 우리는 영화 〈매트릭스〉처럼 뇌에 플러그를 꽂으면 순식간에 사이버 공간으로 이동하여 가상의 연애, 가상의 섹스를 맛볼 수 있게 될 것이다.

그래도 불륜은 사라지지 않는다

앞에서 설명한 임신·출산·육아가 실현된다면 그 누구도 불륜을 하는 사람을 무임승차자라고 비난할 수 없을 것이다. 하지만 인류의 생식이 과학의 도움을 받고 생식 비용이 낮아진다고 해도 불륜이나 불륜에 대한 비난은 사라지지 않을 것이다.

　오늘날에도 불륜 유전자를 가진 사람이 일정하게 존재한다는 점을 생각하면, 외도 성향을 가진 인간이 어느 정도는 있는 편이 인류의 존속에 유리했다고 볼 수 있다. 비난을 받는다는 점만 배제하면, 불륜은 개인의 생존 전략으로도 비효율적이라고 단정할 수 없다. 오히려 비난을 받을수록 외도 성향을 가진 인간의 생존 전략은 강력해졌다고 말할 수 있다.

　그렇지만 불륜 유전자를 가진 사람들은 지금까지 공동체의 주류가 될 정도가 아니었고, 앞으로도 대다수를 차지하는 일은 없을 것이다. 오늘날의 우리 인류는 정숙형과 불륜형이 맞서면서 자손을 남겨 온 결과이기 때문이다.

　우리 안에 면면히 이어져 온 불륜 유전자는 앞으로도 인류를 불륜으로 치닫게 할 것이다. 그리고 무임승차자를 색출하는 질투의 감정이 있는 한 불륜에 대한 비난도 계속될 것이다.

赤松啓介《夜這いの民俗学・夜這いの性愛論》(ちくま学芸文庫)

ジャック・アタリ《図説「愛」の歴史》(原書房)

稲垣栄洋《オスとメスはどちらが得か?》(祥伝社新書)

衿野未矢《十年不倫》(新潮文庫)

岡田尊司《愛着障害》(光文社新書)

岡田尊司《愛着障害の克服》(光文社新書)

岡田尊司《生きるのが面倒くさい人》(朝日新書)

岡田尊司《回避性愛着障害》(光文社新書)

オリヴィア・ジャドソン《ドクター・タチアナの男と女の生物学講座》(光文社)

亀山早苗《人はなぜ不倫をするのか》(SB新書)

関口裕子, 服藤早苗, 長島淳子, 早川紀代, 浅野富美枝《家族と結婚の歴史》(森話社)

ティム・スペクター《双子の遺伝子》(ダイヤモンド社)

髙崎順子《フランスはどう少子化を克服したか》(新潮新書)

筒井淳也《結婚と家族のこれから》(光文社新書)

パメラ・ドラッカーマン《不倫の惑星》(早川書房)

仲野徹《エピジェネティクス》(岩波新書)

中野信子《ヒトは「いじめ」をやめられない》(小学館新書)

中野信子, 澤田匡人《正しい恨みの晴らし方》(ポプラ新書)

日本性科学会セクシュアリティ研究会編《セックスレス時代の中高年「性」白書》(harunosora)

ティム・バークヘッド《乱交の生物学》(新思索社)

服藤早苗＝監修, 伊集院葉子, 栗山圭子, 長島淳子, 石崎昇子, 浅野富美枝《歴史のなかの家族と結婚》(森話社)

デボラ・ブラム《愛を科学で測った男》(白揚社)

ロビン・ベイカー《精子戦争》(河出文庫)

ジョン・ボウルビィ《母と子のアタッチメント》(医歯薬出版株式会社)

クリストファー・ボーム《モラルの起源》(白揚社)

サビーヌ・メルシオール＝ボネ, オード・ド・トックヴィル《図説不倫の歴史》(原書房)

シャロン・モレアム《人はなぜSEXをするのか?》(アスペクト)

ラリー・ヤング, ブライアン・アレグザンダー《性と愛の脳科学》(中央公論新社)

マット・リドレー《赤の女王》(ハヤカワ文庫NF)

マット・リドレー《やわらかな遺伝子》(ハヤカワ文庫NF)

デイヴィッド・J・リンデン《快感回路》(河出文庫)

デイヴィッド・J・リンデン《触れることの科学》(河出書房新社)

J・ル＝ゴフ, A・コルバンほか《世界で一番美しい愛の歴史》(藤原書店)